有一天，
綿羊小姐離開了羊群

用綿羊心法溫柔地站穩自己，用真誠與堅定培養影響力，走出屬於自己的路

SHEEP WILL NEVER RULE THE WORLD
INSPIRATION FOR LIFE AND BUSINESS

凱薩琳‧維恩伯格——著　派翠克‧萊迪摩——插畫　陳家瑩——譯
CATHERINE WIJNBERG　　PATRICK LATIMER

笛藤出版

國家圖書館出版品預行編目(CIP)資料

有一天,綿羊小姐離開了羊群：用綿羊心法溫柔地站穩自己,用真誠與堅定培養影響力,走出屬於自己的路/
凱薩琳.維恩伯格(Catherine Wijnberg)著；陳家瑩譯.
-- 初版. -- 新北市：笛藤出版, 2025.05
　面；　公分
譯自：Sheep will never rule the world.
ISBN 978-957-710-975-0(平裝)
1.CST: 自我肯定 2.CST: 自我實現 3.CST: 生活指導
177.2　　114005309

有一天，綿羊小姐離開了羊群：
用綿羊心法溫柔地站穩自己，用真誠與堅定培養影響力，走出屬於自己的路

2025年5月27日　初版第1刷　定價320元

著　　者	凱薩琳‧維恩伯格(CATHERINE WIJNBERG)
插　　畫	派翠克‧萊迪摩(Patrick Latimer)
總 編 輯	洪季楨
封面設計	王舒玗
編輯企劃	笛藤出版
發 行 所	八方出版股份有限公司
發 行 人	林建仲
地　　址	231新北市新店區寶橋路235巷6弄6號4樓
電　　話	(02)2777-3682
傳　　真	(02)2777-3672
總 經 銷	聯合發行股份有限公司
地　　址	新北市新店區寶橋路235巷6弄6號2樓
電　　話	(02)2917-8022‧(02)2917-8042
印 刷 廠	科億印刷股份有限公司
地　　址	新北市中和區立德街123號2樓
電　　話	(02)2226-8905
郵撥帳戶	八方出版股份有限公司
郵撥帳號	19809050

Original title: Sheep will Never Rule the World
Written by Catherine Wijnberg and illustrated by Patrick Latimer
Copyright © Quivertree Publications 2020
All rights reserved.
The Complex Chinese translation rights arranged through Rightol Media
本書中文繁體版權經由銳拓傳媒取得(copyright@rightol.com)
●本書經合法授權，請勿翻印●
（本書裝訂如有漏印、缺頁、破損，請寄回更換。）

引言

　　我希望你喜歡這本書。也希望你在讀這本書時把自己當成領導者，受到內文鼓舞，並因為自己改變了世界而深受感動。

　　我在幾年前開始寫這些**凱薩琳的問候**，("pick me up")當作每週給創業計畫成員的小提醒。這本書集結了兩年間的訊息，他們就跟你我一樣，正在體驗人生。

　　創業令人興奮，但也是個十分孤獨且富有挑戰的旅程，所以我們得照顧彼此。無論你是否非常成功、業績快速成長，還是尚在努力經營自己的小生意、或是間正在苦苦掙扎的新創公司，又或是你未來有創業的想法，這本書就是我照顧你們的方式。

　　這些日常智慧來自於我曾遊歷三個國家、橫跨五種產業的廣泛商業生涯之中，也有來自於我對生活和他人歷程的細心觀察。大多是我突然想到的看法，我認為它們很有趣，也很值得和你們分享。我希望這些資訊和有趣的插圖能夠促進思考，增強自信，並帶給你的日常生活一些歡笑。

　　過去這幾年我收到很多人的來信，感謝我每週發出的訊息，同時鼓勵我出版它們，讓更多人看到。如果你對這本書產生共鳴，我會很高興收到你的回饋，也邀請你訂閱我每週更新的**凱薩琳問候網站（網址：fetola.co.za/cwg.）**

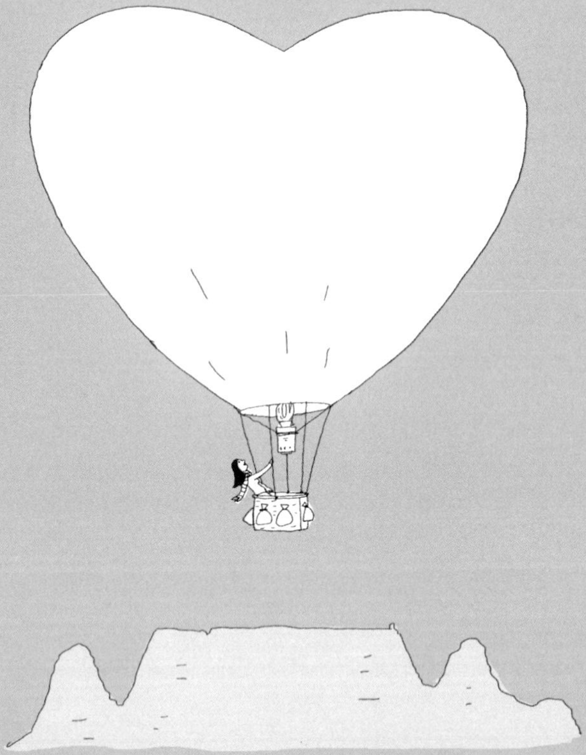

首先……

我希望你可以感受到愛。

傳統美好的愛具有非凡的力量,能夠改變我們的期望,接著改變整個世界。

對朋友、家人、同事以及客戶的愛,對日常生活小事和這個世界的愛。

「我的世界充滿著愛」這個平日最常見的口號,能夠改變整天的能量和期待。它會改變我們看自己的方式,從而轉換我們散發出和接收到的能量。

01

假期難搞的地方是,它總有結束的一天⋯⋯。今天是1月12日,經過一個懶散的長假,我不得不承認,回去工作真的非常困難!

我每天都會收到一封「每日冥想」的信。今天的邀請就像是天堂傳來的聲音,要我思考該如何綻放自己的光芒。

我們必須誠實面對自己,才能活得踏實。真實誠懇地對待自己,心中的光芒就越能向外綻放,獲得幸福的機會也會變高。

這個美好的提醒讓我今年的目標變得圓滿:

1、**保持健康**——為自己維持健康的體態,選擇良好的飲食。

2、**保持正念**——每天找時間學習,培養思考能力和感激之心。

3、**體貼待人**——花時間和家人朋友相處,對自己好一點。

4、**做出改變**——積極改變困擾自己的事物,並且鼓勵他人效法。

5、**維持豐盛**——留心自己的經濟狀況,關懷地球和他人。

6、**好好生活**——大膽、保有好奇心、有創意地過生活。去不同的地方旅遊,保持開放的心態。

真實誠懇地面對自己，
你的光芒會更加耀眼。

02

我今天和柯諾皮件（Kono Authentic）的創辦人吉雯‧莫納斯（Given Monaise）見面。吉雯必定是世界上唯一一位擁有機械工程師資格，卻因為熱愛時尚，而創立自己皮革配件系列的人。

她結合了機械工程師對精準、力量以及功能的技巧，加上自己對時尚的熱情，創造出一系列手工版型的手提包、皮帶以及旅行包。

沒錯，這個在吉雯和兩個年幼孩子住家附近的小生意，的確還有很長的一條路要走。在這個小工廠裡，有一間井然有序的設計室，牆上掛著各式各樣的設計和皮件，隔壁放著製作皮件的三座工業機台，準備在收到今年的第一筆訂單後就開工。

我離開工廠後，走在亞歷山德（Alexandra）蜿蜒的小巷中。我幻想著這個小事業的未來，以及十年後的故事。這句話在我耳邊響起，「這個作品來自於，南非亞歷山德的吉雯莫納斯」。我看到人們驕傲地向大家展示他們手中的皮包。

如果你的事業正在起步中，記得這句話。**我們從何而來，這對品牌和事業的核心價值有舉足輕重的地位。**好好保留這段旅程的回憶和影像，珍惜在這段時間中獲得的事物，並從中獲得啟發。利用這些事物為你的客戶和員工打磨品牌的故事。

任何的勝利都值得感到驕傲。無論大小，你也能目睹微小的勝利逐漸長成巨大的成功。

所以本週我想要恭喜所有故事中的創業者，還有你們願意開始的勇氣，我們真的很棒！

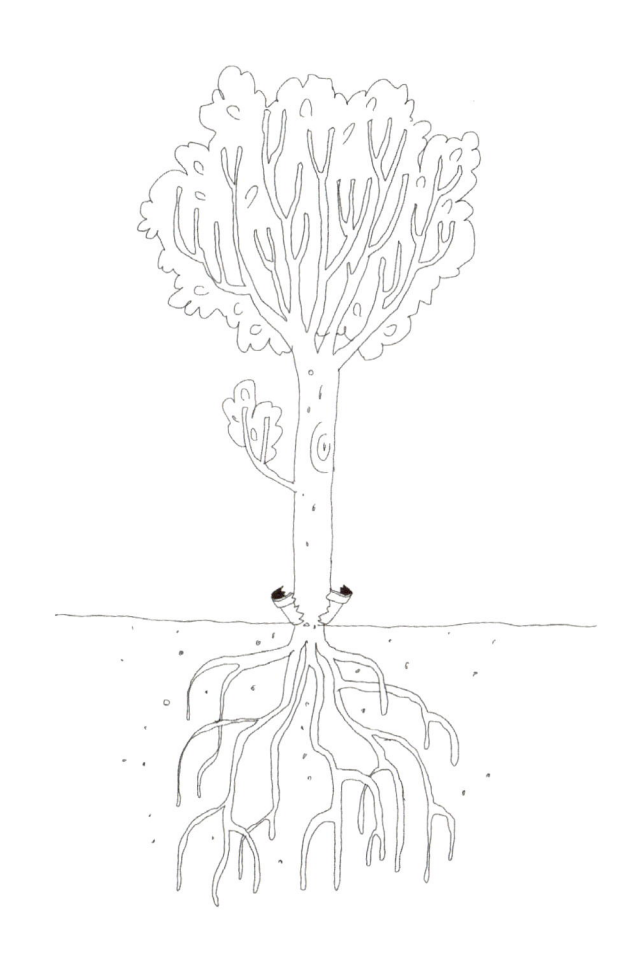

別因為微小的開始而自我侷限。
藝術就是能從無到有創造出新事物的過程。

03

上週我答應我的商業教練一定會（終於開始）閱讀南西・克萊（Nancy Kline）的著作《開始思考》（Time to Think），因而深受啟發。這本書中提供許多簡單直接、又重要的方法，讓我們能夠創造出安全的工作和家庭環境。

我們國家的種族隔離政策，意味著在長達數十年的時間中，我們都被告知該如何做事、思考以及感覺，再加上極度權威式的教育和政府系統，提供（或是承諾提供）我們所有答案。**但若我們想要創造出一個擁有獨立思考能力的國家（或公司），大家都能對自己的行為負起責任，我們就需要改變做事的方法。就從自身、還有我們的事業開始。**

所以本週，我將把重點放在傾聽和提問，鼓勵人們可以從中找到自己的答案和解決方案。四個步驟如下：

- 注意聽他人的談話。停下手邊的事，並看著他們。
- 鼓勵他人分享自己的想法（無論正面或是負面），對他們的解決方法追根究柢。
- 不要立即提供答案或是解決方法。
- 問更多問題⋯⋯

溝通的重點在於傾聽的能力，
並在回應之前，先確認已經接收到訊息。

04

　　天啊！最近在斐特拉公司（Fetola）真的非常忙碌！不太確定你們那邊是不是也一樣，但我感覺一月好像有很多緊急事項要完成，希望二月能夠慢慢緩和下來。

　　手上有很多代辦事項時，最重要的一點是仔細列出有優先順序的代辦清單。我每晚都會重新回顧這張清單，然後在工作的時候把它打開放在桌面上自我提醒。在稍作休息時，我會把重要性高的事項放入工作計畫裡，而不是那些簡單的任務。如此一來，我就能儘量把重要性高的事情濃縮在一天內完成……就像是寫完這個問候一樣！

以下的方法能幫助你提高工作效率：
關掉電子郵件和手機上的通知，
並把專注力放在優先順序清單上。

05

昨天我寄出一封主旨錯誤的電子郵件。

我們可以從這件事中學到兩件事：建立並遵守制衡系統的重要性，以及犯錯沒有關係！

我們從錯誤中學習。犯錯的時候，我們能因此改善、創新且做得更好。錯誤，也能讓我們維持謙卑。

當你犯了錯，別太責怪自己。承認錯誤並道歉，原諒自己，然後繼續前進。

擁抱錯誤，接著自我提升，向前躍進！

和一輩子都完美無缺相比，
我們能從錯誤中學到更多東西。

06

　　授權是需要時常注意的議題。新進員工抱怨「沒有人分配工作給我」，資深員工則說「沒有人可以讓我指派工作」。

　　授權和信任有關。

　　仔細觀察員工，那些獲得大家信賴的人會獲得授權。我相信他們能夠執行任務；相信在疑惑的時候會主動提問；相信他們會跟隨指令；相信他們會找出最佳解方。更重要的是，和我合作，我相信他們能成為團隊的一員，並確保產出良好或更棒的工作成果。

　　再和那些無法得到授權的員工相比。我無法信任他們能否在期限內產出成果，也無法確保最終成果能否符合標準；我無法信任他們會提問，或是跟隨指令。和我合作，我不信任他們的工作態度，或能否成為團隊的一員。因此，我會避免授權給他們。

　　在團隊中，所有人都必須理解這種交互影響。如果你希望能夠被交付更重大的任務，那麼你必須要創造信任關係──成為可靠、好溝通且認真的團隊成員。這樣一來，你就能夠自由發揮。

　　對於那些需要授權的主管來說，你則需要打造出能讓團隊自由溝通任務、過程和期待的環境。

　　這些重大因子──授權和信任──需要足夠的智慧才能駕馭。隨之而來的獎勵，則是個人和商業上的成長，這也讓整個過程更值得我們的投資。

授權是一種雙向技巧，需要**互信**才能成功。

07

在創業過程中,我逐漸習慣的一個挫折就是,因為那些不以自己工作為傲的員工而感到沮喪失望。

這可以從許多地方看得出來——有錯別字的信件、欠款、沒人接的電話。

我發現造成以上的情況有三種原因:態度懶散且蠻不在乎的員工; 私生活遭遇困難的員工; 或是能力經驗不足,所以無法達到工作要求的員工。

解決的方法是……這沒有速成和簡單的方法!(抱歉了!)

第一,和你團隊的成員建立忠誠的關係。讓他們理解他們對公司來說非常重要,還有他們的工作對你和其他人的重要性。詢問他們的狀況如何,同時傾聽他們的回覆。鼓勵他們,無論是在工作上或是私領域,感到負擔過重時都說出來分享。你對他們個人的關心能夠創造信任,打造出有歸屬感的環境。

第二,接近問題的根源,這樣你才能瞭解團隊的工作能力和未來潛力。讚美能提升人的表現,所以記得時常讚美,也要提供清楚的指令,讓他們知道如何修正。你會對他們之後的表現刮目相看。

第三,改良招聘的流程,確保找到最合適的人選——不是最便宜或最快速的候選人,而是最好的!如此一來,你才能跟優質的團隊合作,這也會讓你想要投資時間培養他們的技能。

以上的這些做法,能讓你得到以倍數成長的結果:改善勞資關係、提高員工的忠誠度,以及最棒的獎勵——大家都為自己的工作感到驕傲。

如果缺少熱情和目標,這只是一份工作。
發掘員工的潛力,並獲得卓越的成果。

08

　　你可曾聽過，在興奮的新年後悄然發生的二月憂鬱？我們在訂定來年的計畫和目標後，回歸日常工作，但是突然發覺已經兩個月過去了，事情幾乎沒有任何改變！

　　上週在烏雲密布的上班車程中，我就體驗到這種挫折又苦澀的心情。當我分析不滿的根源時，我發現是因為長長的代辦清單和任務，把自己壓到喘不過氣。

　　我解決這種憂鬱心情的方法是，做點會讓自己開心的事，例如，出去吃個早餐，而非直接去上班。擁有自由選擇的權力能讓人降低壓力！

　　我一邊喝著卡布奇諾，一邊看著人們開車、騎車或是走路去工作。在心中想著我擁有的幸福：我有一份工作、一輛車、一個家、我的健康、家庭，以及幫助人們改善生活的機會。當我暫停下來後，才發現這份幸福清單很長。

　　不再鑽牛角尖後，我花了一點時間重新安排任務的優先順序，然後繼續這一天的生活。

　　如果你也有二月憂鬱，花點時間看看人生的全貌，接著，感受因為你對人生的熱愛而重振精神。

回顧你的幸福，讓憂鬱消散。

09

我非常喜歡《什麼都能賣！貝佐斯如何締造亞馬遜傳奇》，這本講述貝佐斯創辦亞馬遜過程的書，非常具有啟發性！

他在1994年時要建立一家網路商店的想法，非常前衛。那是網際網路的初期，人們既不瞭解也不信任網路。然而，貝佐斯那時的瘋狂計畫是打造一個全世界最大的商店，而現在也已經成真。

他對自己網路商店的計畫深信不疑。**以無與倫比的自信心向投資人提案，即便他毫不避諱地坦承，「失敗的機率高達 7 成」**。

也許，他能如此深信這個計畫的原因是因為，他做了萬全準備。他參加了書店管理的訓練、測試了網站的 Beta 版本，他向他的朋友、合夥人和同事說明整個構想，在正式上線時他做了許多測試。

所以我問自己，我們可以從中學到什麼？

- **如果你深受啟發，其他人也會一樣。你有信心，其他人也會充滿信心。**
- **如果你的想法正確無誤，你在沒成功前不會停下腳步。**
- **就算是很棒的想法，也需要進行大規模的測試 —— 測試、回顧結果、調整，然後再次進行測試。**

不放棄就不是失敗，完成前都不算**成功**。

10

你有沒有發現成功的領導者都會散發出一股自信？他們瞭解自己的優缺點，也知道自己的能力，並持續學習。他們把焦點放在自己的正向特質，並且願意積極改善負面特徵。這種自我接納的特質會對他人形成一股拉力——無論是對員工或是顧客來說。

想要成為這樣的領導者，我們必須練習正向的自我對話，讓嚴格的自我批評逐漸消失。我們要讚美自己的成功，並將失敗視為成長必經的勇敢旅程。

如果你正在學習改善你的領導技巧，希望能培養出一群忠誠的員工和顧客，正向思考的藝術會為你帶來助益。專注在最好的部分，包括自己、你的團隊、你的事業還有整個市場。

為了每一個生命中的成功，與自己擊掌。你是萬中選一的人！

自信從內心養成。
它需要自制力、正向的自我對話，
以及對成功的清楚定義。

11

　　我最近讀到一則很棒的故事。有關一位年輕人為了進入大學，克服種種挑戰的過程。他先是為了對未來就職有幫助的學位而搬家，但卻因為無法存夠學費而停在最後一刻。

　　但他拒絕認輸，放下自尊心，在紅綠燈下寫了一塊乞求他人資助的看板。

　　後來，有位路人願意協助他進行群眾募資，讓這個故事得以喜劇收尾。這個善意的舉動，讓他最終獲得五萬南非幣（譯註：約九萬台幣），足夠支付住宿、教材以及其他的生活開銷。因為他的決心和毅力，得到了獎勵。

　　一個微小的善意，能改變一個人的生活。你能如何影響他人的人生呢？

決心代表不放棄，
以及願意為了成功做任何事情的心態。

12

身為一位企業主很容易因為現金流、顧客關係還有員工管理等壓力而深感困擾。你是最後的決策者，隨之而來的沉重壓力也成為你的責任。

這是很重要的，營造出輕鬆的日常氛圍，將有利激發創造力，也能減輕負擔！壓力，是許多疾病的根源，沒人喜歡生病。

以下的習慣能幫助我降低壓力，減輕負擔。

寫下一張「擔心清單」能紓解隱形的壓力。清單內容包含所有目前在思考、擔心和計畫的事，例如，「修好漏水的水龍頭」、「為遲到的事向岳母／婆婆道歉」，或是「完成提案內容後繳交」等。這張清單的長度，可能會讓你大為吃驚。持續寫，直到腦中再也沒有別的事會讓你的焦慮程度升高為止。

接著，仔細回顧整張清單，然後進行分工（分給員工、家庭成員或是第三方的服務業者）。然後，挑出那些無法改變的事，接受它們就是如此，然後從清單上刪除。

最後，用全新的視角看著那些剩下的任務。根據它們的性質排出優先順序──「緊急」和「重要」，然後訂定出對應的計畫跟步驟。

等你完成這個練習後，從現在開始就依據優先順序來規劃你整天的行程。每日列出代辦清單能夠大幅度地提升你的生產力，並且降低焦慮和壓力。

在床邊準備紙筆。
把腦中所有的困擾寫下來，可以讓你睡得更好。

13

保持真誠。在逆境中,做真實的自己。

當我們焦慮時,我們的大腦會固化在「戰鬥——逃跑——凍結」的模式下。在極度高壓下,我們的視野會變得窄小,並在當下做出有利求生,但可能會造成未來損害的選擇。我們都曾有過這種經驗。

因為一時衝動而做出太多愚蠢的決定。

身為一位領導者,我們要學會辨別高焦慮時期,並擬定策略,讓我們能夠安然脫離那種狀態。簡單的步驟就會有所助益。

深吸幾口氣、和良師益友討論、關上電話／電腦,或去散步。這些做法會讓人感到平靜,我們因此能夠著眼大局,綜觀全貌。

大腦一旦脫離了高焦慮的狀態後,你就能依照原則做出選擇,而這些決定會讓你感到驕傲,也能夠反映你真實的信念。

在焦慮時做決定就像闖紅燈一樣。
看到紅燈就停下來,呼吸,重新找回平衡,
然後再行動。

14

世界上的每個重大發現都來自於靈光一閃,包括 X 光的發明到網際網路的出現,皆是如此。

在內心湧現的靈感會驅使我們實現心中最瘋狂的夢想。在近期的願景工作坊中,我們就目睹了這一幕。超過 100 位參與者齊聚一堂,探索驅使他們創業的原因。

如果你想要改變世界,切記,要結合你的願景、熱情,還有內心的靈感創意。

如果情況相反,你覺得疲倦又煩惱,也許是時候對生活進行微調。在以下的七個方向回顧你的目標:經濟、朋友、家人、身體、心理、職涯和心靈。

再度檢視人生目標,能讓你擦亮未來的願景,讓光芒重現閃耀。

清晰的個人願景就像導航系統，能讓你重回正途。

15

你有沒有發現運動賽事的輸贏，通常取決於一種正面的「贏家」態度？

我常常提及正面態度的重要性。但就算是最積極的運動員（以及創業家）都常常被焦慮和自我懷疑困擾。

阻止這一切的訣竅就在於，在負面想法有機會長大前就立刻阻止。如果讓它繼續生長，焦慮或恐懼就會快速地打擊我們的樂觀，讓我們倒地不起。

試試看我用來打敗焦慮的習慣：

1、**避免和擁有負面思維和看法的人來往，進行能增強自信的正面自我對話。**

2、**寫下讓你感到恐懼的事情，並面對它們。把它們拆解成更小的部分，找出困住你的問題，然後解決它。**

3、**和信任且不會批評你的朋友或是導師分享恐懼。**

4、**問問自己，如果知道不會失敗的話，你會怎麼做？沉浸在這個畫面裡，並想像成功的模樣。從中獲得勇氣，繼續向前邁進。**

你越能克服自我懷疑和焦慮，你就會越成功。

恐懼就像蟑螂，
一開燈它們就會消失。

16

　　有句俗語是這麼說的:「井涸而後知水之可貴」。可惜的是,在人與人的關係中也常發生這種情況,我們總是在關係惡化後才開始體認到它的可貴。

　　身為領導者,我們時常忽略在生命中支持我們的夥伴。他們提供平衡和其他必要的支援,讓我們得以每天安身立命。

　　藉著這個機會感謝那些讓你變得更為強大的人。

　　他們可能是你的伴侶或配偶,會傾聽你的故事,當事情變得困難時給你支持,在成功時和你一起慶祝。

　　他或她可能是唯一一位會稱讚你「做得好!」的人。為此,要永保感激之心。

感謝那些沉默的夥伴，
在事情最困難的時候，他們仍舊支持且愛著你。

17

　　你是否曾有個能改變一整片大陸的偉大夢想？因為那個夢想，你興奮到無以復加，清醒地在黑暗中躺著無法入睡。

　　我最近造訪被列為世界遺產的伊西曼格利索濕地公園（iSimangaliso Wetland Park），度過一個長長的週末。iSimangaliso 在祖魯語中代表「奇蹟」或「奇觀」之意。這個地方不管就自然景觀，或是對動植物的棲息地而言，的確可被稱為一個奇蹟。這個公園占地廣闊，保護了約 9% 的南非海岸線。

　　但我上述提到的偉大夢想跟這個公園無關。我提到的遠大夢想是，把這個公園和莫三比克的克魯格國家公園（Kruger National Park）結合。讓兩個國家公園橫跨整個南非，一直延伸到安哥拉的亞特蘭提斯洋。這條長廊將能讓野生動物們在旱災時自由遷徙到其他豐饒的區域，回歸牠們原有的遷徙路徑。那時人類尚未用高速公路、農地和城鎮阻擋牠們移動。

　　這個讓人屏息的計畫，跨越國界，需要集結不同國家的力量才能夠達成，是個規模宏大的洲際願景。

　　我深受啟發，因為這個自然保育的計畫將為鄰近的社區創造出眾多的工作機會。但更令我驚嘆的是，當初想到這個大膽計畫的人的遠見。他或她勇於發聲，不怕收到嘲笑，也毫不畏懼眾多反對者的意見。

　　現在，計畫已經被正式提出，人們也在積極行動，希望有天能夠成真。這讓我們明白，**成功是從還沒有清晰計畫的想法開始的。問題是，你有沒有勇氣做宏大的夢，那個夢可能像一個城鎮、一個國家或是一個洲那麼大。**

做大夢需要勇氣。所以，**相信你的夢想**，
如此一來，其他的人也會相信你。

18

我帶著微笑寫下這篇問候，因為我非常相信「好，我願意」能帶給我們機會。但是奧克特・佛蘭斯（Ockert Fransch），我們的商業導師，則提醒了我，拒絕也是有力量的。

不，我拒絕。不，那不是我的工作。不，我工作量太多了，請找別人吧！

如果我們想達成目標，並從中獲得樂趣，分辨答應和拒絕的時機點，是至關重要的。

- 如果事情能夠讓你精神抖擻，感覺振奮且具有啟發意義，就說好，我願意。
- 如果能夠推動事情，讓你感覺良好，往人生目標邁進，就說好，我願意。
- 如果你感到沉重，能量變低，就說不，我拒絕。
- 如果你因此無法聚焦在重要的任務上，就說不，我拒絕。

就像南非諺語說得那樣──"Ja, well, no, fine"。

（譯註：類似中文說的「嗯，好吧，無所謂」）

**所謂的領導特質是指能夠選擇接受或拒絕，
同時擁有做出正確選擇的智慧和力量。**

19

「我做得真好」……這是真的嗎?

身為創業家和領導者,我們很常誤解事業的成功全都是自己的功勞。我越出色,事業就會越成功。

但除非你真的是「一人團隊」,你的成功其實是依靠著團隊而來。**我們都知道,承重量的高低,取決於鍊條中最脆弱的地方,而非是最強壯的部分。**

傳統企業中,這些脆弱的環節由資深的管理人員利用決策程序來進行看管。在這個模式下,決策的速度會因管理人員的時間而有所侷限,也因此這部分經常出現困難。

一個快速成長的企業需要不同的解決方案。它需要扁平化的組織架構,其中的每位員工都有能力和權力可以自行做出決策。要達成以上的目標,需要以下三件事:

1、**責任感(我為我自己的成功和失敗負責)**。

2、**正確的技能**。

3、**允許失敗的機會(至少一次)**。

公司文化和績效指標能培養出責任感,而技能則由招募過程和訓練中得到。但若沒有允許失敗的機會,不會有人願意做出決策,整個流程還是會卡在資深管理人員(或你!)的身上。

從創業家變成領導者的過程,
就是從「我是最棒的」轉化為**「我們是最棒的」**。

20

本週勵志演說家賽門・西奈克（Simon Sinek）的「激勵小語」非常切題。他說：「我們永遠不該讓現實干擾我們的夢想。現實看不到我們的願景。」

這是對創業者的提醒，我們的工作是把焦點放在該完成的事，而不是發生在我們周遭的事。只有專注於夢想，它們才有可能成真。

賽門說的另一句話，則讓我開始思考：「我們在追逐夢想而非競爭時，才有可能得到更多。」

因為其他人在做的事而分心，然後感覺自己比不上他們，是十分常見的情況。我們會因為這種執著遠離自己的夢想，轉而往他們的夢想而去。例如，我們在社群媒體上看到其他人的照片時，我們會忌妒他們的完美生活，或是看到競爭對手的行銷傳單，就想要製作一張一模一樣的。

成功生活的重點在於，不忘初心，瞭解自己，不背離原有的目標和夢想。只有在這種狀態之下，屬於你的真實力量和潛力才得以發揮。

下次，忌妒他人或因為競爭而感到焦慮時，暫停一下，然後回歸初心。做自己才能夠得到力量。

夢想越清晰，越有可能實現。
清楚的願景會讓機會湧現。

21

　　斐特拉（Fetola）最棒的地方就是在這裡工作的人。我打從內心愛著他們，也非常高興能與他們在這裡並肩工作。

　　如果你也想在企業裡打造出這種環境，可以考慮以下的做法：

- 招募適合企業文化的員工。要做到這點，你得有一個完整的面試流程。把公司的一切開誠布公，分享你的想法、行為、價值觀和熱愛的事物。把招募過程當作婚姻一樣！因為你絕不想和假的公主或王子結婚後，才在度蜜月時發現他們的真面目吧！

- 態度是最重要的。招募那些有決心要把事情做好的人，觀察他們的履歷表和面試過程。他們能否在面對困難的挑戰時，依舊表現良好，或他們會把挑戰當作失敗的藉口？贏家只會在藉口和成果中擇一。

- 和最優秀的人共事。優秀的員工會讓你的企業成長；一般的員工會拖延你的進度；低劣的員工則會讓你退步。如果你真的想要成長，你需要鼓起勇氣招募那些至少在某方面比你還優秀的人，這些人將會讓你和公司成長。

- 對員工完成的工作心懷感激。每個人都喜歡被感謝和受到讚美。讓「謝謝你」成為在企業語言中經常出現的字句。

做一個真誠的領導者，
在追隨者的心中播下希望的種子。

22

做為領導者，需要一肩扛起的責任可能會讓你覺得異常沉重。不知不覺間，生活變得索然無味，責任把我們掏空，經營事業也不再有趣。當你開始有這種感覺時，試試這個做法，甩開沉重的感覺。

寫下一張清單，列出所有你「應該」或是「必定」要完成的事。

然後分配不同的重量給這些事：十公斤當基準，根據你的感覺增加或是減少一點。

接著，把所有的重量加總。

哇⋯⋯你肩膀上的重量真是不少，對吧？我們試著讓它們變輕一點吧！

靜靜坐著，之後試著回想你的選擇──選擇創業；每天為未來做的選擇；選擇改變世界。你擁有創造的自由。

再度回到那張清單，把「應該」改成「想要／選擇／希望」，然後發現肩頭變得輕盈！

「我選擇花時間陪小孩」，「我喜歡管理財務」，「我今天想去上班」（不想的話，也可以請一天假），「我選擇和難搞的客戶溝通」，「我希望能成為我世界的主宰」，「我喜歡分配工作」等等。

停下來，想想你今天做出的選擇。感謝你生命中的光亮。

沉重的責任是一種選擇，所以你**是自由的**。

23

你是否會因為他人用專業術語而感到不耐——那些對他們來說理所當然的簡稱,對你完全不具任何意義?像是 KPI, TOR, RFP 這些縮寫,或是「達成共識」(on the same page)這種字句!

不管是個人或工作溝通,我都相信簡單明瞭的語言是最好的溝通方式,在寫電子郵件的時候也會確保有做到這點。

因此,今早有位新同事向我確認一封電子郵件的內容時,我就想起這點。要永遠使用簡單明瞭的書寫方式。

簡單明瞭的書寫能幫助讀者理解,避免產生誤會。**雖然寫得清楚明白需要多花一些心思,但你的讀者會因此而覺得有歸屬感**,也能大幅降低你收到困惑的回覆,裡頭寫著「這什麼意思?」

在這個節奏快速的世界裡,文字回覆(電子郵件、手機訊息、WhatsApps、社群媒體的回覆)很容易造成誤會。多花一點時間,確保訊息內容沒有讓人混淆的地方,能建立更融洽的關係。

**有效的溝通能讓他人理解你想傳達的意思，
而不只是你說出的話。**

24

最大的快樂通常來自於，生命中簡單的事物。

當你在世界中奮戰時，別忘了享受和朋友、家人以及整個世界在一起的快樂。

吸氣、吐氣，感謝生命。

25

　　我喜愛搭飛機去旅行──它能讓我遠離所有干擾,享受寧靜時光,好好思考、閱讀或是什麼也不做。

　　我繁忙的大腦總是在遠離辦公桌時,會浮現許多創意十足的新鮮想法。這些想法能幫我解決問題,並帶領事業向前邁進。

　　所以在國定假日的今天,讓我們離開辦公桌來慶祝吧!享受什麼都不做的自由。試試看,說不定你也會有一些新的啟發。

最天才的想法會在休息的時候浮現。

26

你是否用個人的財富衡量標準來定義你的經濟狀況呢?

如果你只能想到存錢,那麼你對自己的經濟狀況評價應該不高。但如果你為了成長而積極地花錢,你對自己的經濟狀況評價應該很不錯。

平衡才是真正的智慧——健康地看待我們擁有的財富,並為了將來的收益願意冒一點風險。這會打開了投資的大門,讓我們能夠加速財富的成長。

聰明地消費,並為將來的成長開始投資。這不就是創業家的精神嗎?

不管你認為自己貧窮或富有，**你都是對的。**

27

我不確定你是否和我一樣,相信意志力的功用。我這輩子都在為自己設定挑戰。在 18 歲時,所有同學喝咖啡時都改用代糖,但味道會變得非常難喝。我覺得我沒那種意志力可以戒糖。所以要不把咖啡戒了,要不就是得變胖。後來我選擇放棄咖啡。

多年過去,這些我給自己的挑戰逐漸變成一張清單,從參加南非的超級馬拉松(Comrades Marathon)到學習開飛機,還有參與「一年 365 天,每天都做一件新鮮事」的挑戰。

和你分享這件事的原因是,每次我們下定決心做某件事,都會影響到其他事。讓我這麼說吧!如果我每天早上都跑 5 公里,那代表當一天還沒開始前,我就已經完成了一個目標。此種作法能讓我提高信心,更加有自信。

今天我向你發起挑戰。在每天的固定行程裡加上一個新習慣,多做一件能訓練意志力,讓你變得更有毅力的事。

**意志力意味著能做到其他人不會做的事，
接著到達其他人無法企及的成功境界。**

28

昨天是另一個國定假日,五一勞工節!在全球感懷勞工過往的這天,我撥空和朋友在城市中相聚。

我們聊到自己有多常想到員工,以及總是忘記自己的需求。尤其是新創公司的創業家,時常因為公司事務而透支。我們都有一些「一週工作七天」的戰時輝煌故事可以分享。

我因此想到,做為領導者和最重要的員工,我們理應好好照顧自己。記得要有充足的睡眠、攝取豐富的營養、規律運動和豐富的心靈生活。

就像法國女演員,莎拉・伯恩哈特(Sarah Bernhardt)曾說過的話:**「生命滋養生命,能量創造能量。人因為付出自己,而變得富有。」**

照護自己的需求能提升自我能量,這樣一來,你也可以開始為周圍的人打氣。創造一個正向循環!你最後一次買花給自己是什麼時候呢?也許可以從那裡開始⋯⋯

當你在照顧自己的同時，
也會鼓勵周圍的人去做一樣的事。

29

　　我們都希望生活能一帆風順，彈指瞬間就能獲得新的技能以及立刻成功。

　　現實中，成功意味著按部就班，一步步向前邁進。但你是否曾注意到，每次碰到挫折時我們就想放棄？

　　我們試著學習新東西，一開始或許很簡單，但漸漸變得困難。接著我們就會轉身說：「這不適合我。」在需要努力突破的時候，我們卻放棄了。如果你希望到達成功的下一個階段，**你要留意「放棄」這個念頭，並且把它視為一個敲門磚。**

　　是時候跟著計畫向前，用力打開那扇通往新世界的門，往新的技能和機會邁進。

當你知道不可能放棄時，就會明白只能**向前突破**。

30

　　30 年的從業經驗告訴我，人是取得長期成功的重要因素，尤其對小型企業來説。因此，**招募和留才是至關重要的技能。**

　　我認為找到合適人選的訣竅是「試用」。實習制度是測試新血的絕佳方式。你可以藉由這個機會篩選出有潛力的人才，如果有餘裕的話，也可以慢慢培養他們獲得團隊需要的技能。

　　這種系統的缺點則是，他們很有可能仍在尋找人生的定位，可能會接受更好的機會。我們最近就歡送了一位非常有潛力的實習生。梅麗莎（Melissa）從第一天開始就讓我們印象深刻，提出很多有深度的問題，表現完全超出我們的期望，是一位非常理想的團隊成員。

　　但遺憾地是，她接受另一間大公司的聘書。但我的大門依舊會為她敞開，我希望她能體會到，小型新創企業的整體環境以及氛圍，才是有價值的工作。

　　對我個人來説，我非常喜歡實習生帶來的新鮮能量和創意，也為此調整了聘雇的流程，讓實習生的來去更為便利。我非常熱愛這個模式，以至於斐特拉（Fetola）在過去八年間有多達 50 位實習生（本國和外國籍）曾在這裡工作過。

培育年輕人,乘著他們充沛的精力和熱情,
一起邁向未來。

31

　　我喜歡激勵演說家賽門・西奈克（Simon Sinek）的金玉良言：「贏家不會討好他人。」

　　簡而言之就是，**想成功，你必須與眾不同。**

　　如果你和其他人不一樣，你會挑戰現狀。

　　所以，之後如果有人和你意見不同，謝謝他們！

　　他們是你的生活開始變得與眾不同的證明。

領導力就是勇於做出困難的決定。

32

我想跟你分享一個在多年後發現的祕密。

那就是：**銀行經理／商店卡發行商／貸款業者不是我們的朋友！**

我們通常會因為得到借款而開心過頭，完全忘記要付出的代價和後果。我們因為新車或新鞋感到興奮，但忘記這個錢是要還的，還有要付的利息……。除此之外，我們也可能因為慣性逃避，而讓自己陷入債台高築的窘境。

以 2016 年 SAB 基金會（南非釀酒公司）索羅那創業計畫（Tholoana Enterprise Programme）為例，其中約有 21% 的企業主有過延遲還款的不良紀錄。

這個極高的信用不良比例，讓我們知道必須格外注意在消費社會裡可能發生的各種危險，並且提醒自己要培養財務意識和責任感。

我們要互相提醒，妥善管理財務狀況，把錢留在自己的口袋裡，而不是交給那些貸款業者！**相信我，與其躺在床上擔心到無法入睡，你會寧願掌控自己的財務狀況。**

拒絕過度花費，享受終生財富。

33

　　上週三我在市中心的一家咖啡廳裡，周圍有一群觀光客正在聊天說笑，享受悠閒的時光。我聽不懂他們的語言，但是從他們的交談中，我可以感覺到豐盛、愉悅以及和朋友相聚的快樂。

　　聽到他們的笑聲時，我發覺自己也漾起了微笑，想要加入他們大笑出聲的行列。只是因為坐在附近，就感染到他們的正能量，讓我的心情也好了起來。**喜悅是有傳染力的！**

　　這讓我想起簡單的微笑、善意的舉動以及把愛散播出去的想法是多麼重要。**這個世界上最需要的就是更多善意──散播喜悅不需要任何花費，就能讓你變得充實起來。**

　　在這週，我要找到自己的微笑和喜悅，然後把它散播出去，感染周遭所有的人。

擺出笑臉，然後看著整個世界也對你展開微笑。

34

　　本週我邀請一些朋友到家裡晚餐。剛好我女兒從倫敦回來,所以我也請了一對有意搬去英國的年輕夫婦一起來家中用餐。

　　我很快就發現,他們並不是因為想尋找和開展新機會才計畫搬去英國,相反地,是因為先生覺得南非的狀況太差,他們想要逃離這個環境。他滔滔不絕地說著南非所有的問題,認為白種男性在這裡沒有未來發展機會。

　　從中我發現兩個問題:第一,他忘了該如何從感恩的角度看世界;第二,他的態度強化了自己的困境。他認為每一天都會非常困難,所以一切就成真了。

　　每個國家都有自己的挑戰,每個人也是一樣。**但如果我們能改用「感恩的態度」看世界,並試著每晚寫下三件感恩的事,我們的生活將能開始產生變化,周圍的世界也能夠變得更好。**

每天結束之前寫下讓你感恩的事，
你看世界的角度將會開始有所轉變。

35

　　我想擁有一個與眾不同的人生嗎？兩週前我坐在母親的病床邊，當時腦中想著的就是這個問題。

　　利用這段時間，我在腦中不斷思索自己最珍視的事物，以及做過的決定。當我在回顧那些激勵我向前邁進的動機時，回想起一句朋友曾說過的話：**「如果你想要有一個與眾不同的人生，記得一定要抗拒那些平凡的選擇！」**

　　我的母親瑪格麗特，在她的人生中曾做出一些與眾不同的大膽選擇。1923 年出生於英格蘭，她在二次大戰時離開了當時就讀的倫敦經濟學院，到英國空軍的廣播部門工作。大戰結束後，她嫁給了南非人，搬到黃金海岸（目前的迦納共和國）。她在偏遠的鄉間生下第一個孩子，接著在 1953 年搬到北羅德西亞恩多拉附近的一個煤礦小鎮（目前的尚比亞共和國）。在那裡，她生下其他的四名子女。

　　瑪格麗特為這個城鎮做了很多事，包括在尚比亞成立母親聯盟，為營養不良的孩童們發起恩多拉營養計畫，為女性成立縫紉小組。她還是一位教師，同時幫助我父親的建築事業，並協助他管理整體財務。

　　她終於在 75 歲時，以函授方式拿到英國文學的學士學位，當時還在學習小組裡幫助其他尚比亞的年輕人取得他們自己的學位。她堅韌有毅力，很少抱怨，從來不說別人的壞話。她在四月時滿 91 歲，擁有一個非常充實的人生！

日積月累的創造才能打造出與眾不同的人生──
讓今天也變得別具意義。

36

　　你是否發覺個人（以及企業）的成長跟海浪一樣起伏不定？我們有時覺得已然掌握生活，可以高枕無憂，但轉眼間終點又離我們而去了……。

　　商業經營的過程中，當團隊停止追求第一名時，就會發生這種狀況。成員們變得自滿，甚至可能不再尊重客戶。他們產出低於預期的價值，公司的表現開始下滑。被你視為理所當然的舒適領導地位，最後則會急速中止。

　　個人生活也是如此。當我們自認知識淵博，技能和地位已無人能及，就會停止主動學習，也不會再積極追求新的經驗。

　　這種舒適區的狀態會讓人變得自滿、無趣，有時甚至會轉變為自大。完全和新創公司中，能量充沛又熱情的狀態相反。

　　想克服這種停滯狀態，我們可以時常設定新目標或是採用不同的做事方法，重新激發追求卓越的心情。也要保持好奇的態度，樂於學習，追求不同的體驗，才能激發出與眾不同的創意思維。

　　這種追求卓越的做法，能讓我們的心態保持彈性，持續擁有新創能量，在我們稱作「成功」的旅途上，跨越一個接著一個出現的目標。

成長和創意通常在意想不到的地方出現。
在追求不斷變化的目標路上，享受整個過程。

37

　　辦公室這陣子剛忙完,所以我決定今天要稍微放慢腳步,嘗試一種更符合團隊需求的訓練活動。

　　我們先分成小組,然後和大家分享自己和他人值得欣賞的特質。

　　透過這個分享我們發覺,每個人會因為被同事注意到而感覺良好,特別是他們指出連自己都沒有注意到的小地方時,更是如此。當其他人認為你樂於助人、友善、富有創意、決斷力強以及值得信任時,這讓我們感覺很棒。

　　通常來說,最微小的事,像是一句簡單的「謝謝你」,它代表的意義更為深刻。對我們來說,這比世界上最巨大的財富更有意義。

花點時間感謝他人。
然後觀察他眼中因為這句話而燃起的光芒。

38

2017 年的 1 月中，我坐在 12 使徒飯店的陽台上（12 Apostles Hotel），遠眺著海面上的夕陽，背後就是南非的桌山（Table Mountain）。我慢慢地喝著熱茶，慰勞自己在開普敦辛苦地工作了一整天。

我們都在擔憂國家的整體狀態——總統祖馬和貪腐的勢力看似無法遏止，經濟急速下滑，企業信心史無前例的低落。媒體的主流論述把企業界視為代罪羔羊。黑心的大企業佔領各大版面頭條，都和它們剝削、及無法提供就業機會的消息有關。南非目前的前景不佳。

我們試著找出解決方案，改變他們的想法，提供不同版本的故事。我們認為那些大企業需要有發聲的管道，而供應商發展獎（Supplier Development Awards）則因此應運而生。我們希望可以藉此達成三個目的：

- 讓企業能夠訴說故事，向媒體傳遞正向的訊息。
- 提供在供應商發展業界的好公司認可和獎勵。
- 從獲獎者（和彼此）身上學習，激勵大家獲得更好的成績。

我們不只做了這些。我們還學到企業界面臨的挑戰、供應商發展業界的複雜議題、要讓 CEO 注意到供應商發展的挑戰是多麼困難的一件事……以及，當他們願意正視這個議題後，所能獲得的巨大利潤。

最重要的是，我們學到在面對問題時，經過專注和仔細思考後擬定的策略，會帶來什麼樣的正面效益，甚至能讓人獲頒一個國際獎項。

解決壞故事的方法，有時是**創造**出一個新故事。

39

　　許多人認為創業就代表會自動產生許多開支,例如辦公室的租金、購買器材的費用、員工的薪水和交通費。

　　事實上,我們也可以從小本經營開始。許多知名企業一開始都是從最基本的開支做起,例如車庫或是閒置的房間。

　　南非的企業家馬克・沙特爾沃思(Mark Shuttleworth)就是一個好例子。他的電子商務資安公司 Thawte 在 1996 年低調地開始。他當時還在就讀開普敦大學,主修經濟學和資訊科技。馬克・祖克伯在學校宿舍創立臉書的故事聞名全球,當時他也只是一位哈佛的大三學生。之後的故事就跟大家說的一樣,都是過去的歷史了⋯⋯。

　　如果這兩位億萬富翁都可以在學生時代,憑藉著絕佳的眼光和努力,從零到有打造出自己的事業,你也無須因為缺少新創基金而裹足不前。擁有遠大的目標,並非表示一定需要花大錢,至少在剛開始的時候不需要。

　　大膽勇敢,套句網球選手亞瑟・艾許 (Arthur Ashe) 的話,「從你的立足之點開始,用你手邊有的東西,做你能做的事。」

今天開始的一小步會帶你往更遠大的未來前進。

40

你知道熱情是所有事情的答案嗎?即便在商業界也是如此!

一個做自己喜歡的事的人,無論如何都會成功。因為驅使他們的是內在的動力,而非外界的推力。

把熱情視為潛力的代號。你需要熱情才能開展事業,但你得熱愛它才能發揮最大的潛力。

在事業中培養熱情,它就會無止盡地開展。熱愛現在做的事,和你共事的人也會被你感染。用愛和尊敬對待周遭的人,就會產生連鎖效應。

客戶、投資人、生意夥伴和員工都會被你散發出來的能量影響。你是否曾與痛恨自己工作的人共事過呢?他們的效率大概都很低落,還會散發出讓人感到疲憊和厭倦的氛圍。

雖然我們沒辦法只和喜愛的人在一起,但當我們的驅動力來自於更深層的目標時,我們就能培養出互信和互相尊重的關係。

最終,熱愛自己工作的人,會有克服所有挑戰的毅力,同時還能激發他人的自信。熱情能帶來充滿快樂和成功的豐盛結局。

熱情是成功的祕訣。
它不需要成本,就能日益茁壯。

41

　　我在最近想起快樂的祕訣在於做會讓自己開心的事。就跟清教徒一樣，我的工作紀律嚴明，自忖是因為自己有著蘇格蘭和荷蘭的遺傳基因。我們認為生活中只有工作，而很多創業者都有這種傾向。

　　所以本週我決定放個假，好好犒賞自己一番，去學習飛滑翔翼。

　　我都快忘了新朋友、健康的戶外活動，以及迎接新挑戰時的快樂是什麼感覺了，更別說那一點點有益身心健康的恐懼感！

　　回歸日常生活之後，所有的事情變得更單純、輕盈，也不再讓人喘不過氣。憂慮逐漸散去，困難也隨之消逝。

　　這提醒了我，在我們做會讓自己開心的事時，周遭的人也會被這份快樂感染。

計畫今日的快樂吧!

42

　　昨天的工作壓力讓我提不起勁,所以決定要對自己好一點,放鬆一下。我沒設訂鬧鐘,讓自己度過優閒的一天。

　　但奇怪的是,我反而比平常更早起,動力滿滿,立刻開始工作。這天好像自然就變得明亮,問題也輕鬆許多。僅僅因為有自由選擇的權力,我就立刻放鬆了起來!

　　身為一個創業家,我們擁有終極的自由。我們只需要記得它的存在。

終極自由就在你的心中──
你擁有選擇想法的自由。

43

「專注於自己的本業」是我很喜歡的一句話。這句話尤其適用於事情變化快速的時候。但這句話到底是什麼意思呢？

這個概念出於湯姆・畢德士（Tom Peters）和羅伯特・華特曼（Robert Waterman）所著的暢銷管理書籍《追求卓越》之中。**如果個人或企業能專心改良正在做的事，而不要去嘗試完全不熟悉的領域，那麼他們成功的機率將會大幅提升。**

在面對政局不穩、氣候異常、國際恐怖情勢升溫，或家庭事務等私領域方面有困難時，就不適合在事業中嘗試新作法。我個人的建議是，在這些困難時期，繼續做自己熟悉的事，精進流程。

儘管如此，檢視做事的流程方法，並且進行優化。在情況還不明朗的時候，暫時避免踏入不熟悉的領域。

有時候，比較聰明的做法就是繼續做著正在進行的事。

智慧在於能夠辨別該謹守本分，
或果斷跳上下一艘救生艇的時機點。

44

　　這個月有點不太一樣。因為家庭事務,我往返於南非和英國之間。在機場和飛機上度過不少時間,那時我衷心感謝科技的發達。雖然我不在公司,但仍然能利用電子郵件、Skype、WhatsApp、網路銀行、雲端空間等工具來掌控工作進度。

　　回顧創新的歷史軌跡,要不是懷特兄弟在 1899 年勇敢展開他們對航空的實驗和研究,絕不可能在 1903 年製造出第一架飛機。你知道在此之後,所有的飛機裡都留有 1903 年萊特飛行器的基本設計嗎?

　　我因此而聯想到自己和員工未來的創造力。**要怎麼做才能保持創新和進步?時時刻刻留心市場趨勢,從踏實和信賴根基出發,尋找創造和改變的平衡點。**

　　持續學習才能夠擁有創造力,瘋狂的想法也需要勇氣才能執行。今天就讓我們來慶祝你體內的愛因斯坦吧!

創新者擁有與眾不同、特立獨行，
甚至瘋狂大膽的勇氣。
是時候**釋放內心的叛逆**，開創屬於自己的道路。

45

西白曼德拉(Siphamandla)是位年輕有活力的創業家,她上次突然來斐特拉,給我們一個驚喜,大家都非常高興。我們最喜歡創業家突然造訪,來跟我們打招呼了。

但這次她也有驚喜。她走到我的桌前跟我打招呼說:「哇!你也坐在開放空間裡工作!」

在開放式空間裡工作有其優缺點。但身為一位高速成長的新創公司負責人,開放式辦公空間的優點大於缺點。**當我和團隊在一起時,我看得到、聽得到也能感受得到目前的狀況。**

在團隊合作的過程中,我能感覺到大家的能量和活力,彼此激勵,一同創造精彩的成果。

我認為這是最佳的「暢通溝通」策略,同時藉此提醒自己,好的領導者是一位服務型領袖。在角落的辦公室會製造隔閡,我們就無法觀察到企業目前的狀態。

所以,如果你希望能打造一個快樂且成功的工作空間,考慮把角落的辦公室改裝成休息區吧!

受到愛戴的領導者才是最棒的領導者。
打造一個真誠的工作空間，
和員工們保持良好的關係。

46

青春浪費在年少輕狂之時⋯⋯但真的是這樣嗎？

試想這個景象：一邊是還沒被生活經驗打磨，擁有創新想法和熱忱的年輕人。另一邊則是年長的人，擦拭著他們「不經一事，不長一智」的勳章；認為新奇的想法魯莽又愚蠢，所以拒絕接受。

我認為正確的答案應該存在於以下兩個極端之間：過度熱情但缺乏智慧，和擁有智慧卻缺乏熱忱。我相信快速原型開發的方式能夠激發年輕人的熱情並助其成功，結合年輕的活力與智慧，讓創意得以跨越障礙，最後付諸行動。

我們總對計畫內年輕創業家們的素質，感到驚喜也深受他們啟發。同時也非常高興他們在與經驗豐富的顧問、講師和我們的團隊互動後所得到的幫助。如果這些南非年輕人的潛力能充分發揮，我們國家的未來將會一片光明。

你今天能替這些年輕的創業家做些什麼，讓他們開展新的道路呢？

**結合年輕的心和積累的智慧，
將能創造出強大的合作關係。**

47

我們在財務研討會中談到,金錢如何影響我們的情緒,控制我們對自我價值的定義。我們談論到那些相信自己會變得富有的人,最後真的變得富有。而抱持相反信念的人則依舊處在貧窮的狀態。

我們也提到尊重自己、金錢並且投入時間管理財務的人,將能建立長久的資產。

對個人或是企業來說,控制自身的金錢觀都非常重要。

起點是開始意識到自己和金錢的關係,以及對自身造成的影響。而要改變信念的方法在於開始學習,並應用一些簡單的技巧,例如:

- **閱讀有關金錢的書籍;**
- **尊重自己需要賺取收入的需求;**
- **開始計畫儲蓄;**
- **健康的金流,以及;**
- **在成功的時候開始幫助他人。**

神奇的事是,當你開始注意到自己的財務狀況時,整體的財務情況就會逐漸變好!

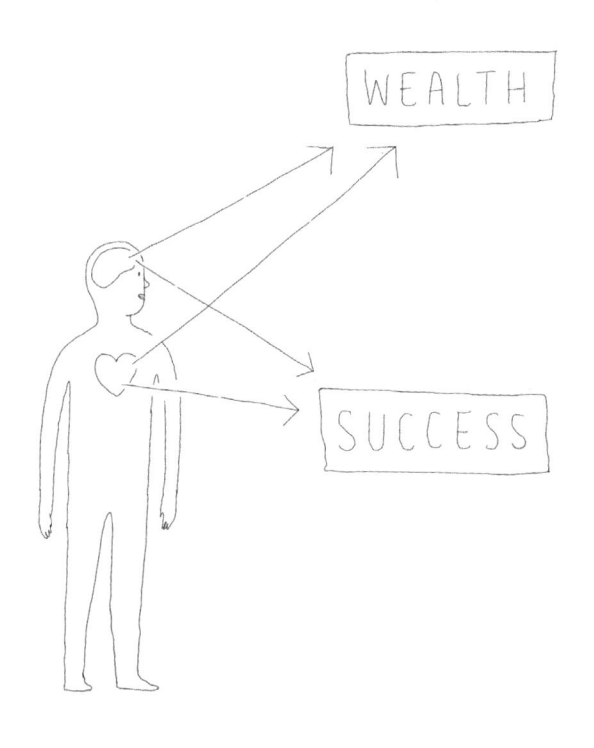

財富就跟成功一樣,都得從心和想法開始。

48

今天有人問我，大家為什麼現在都不接電話了？「他們是害怕接電話嗎？」她問。

這個問題讓我開始思考。其實這和電話本身無關，對吧？是罪惡感，或害怕沒做成的事。逃避未盡之事，才是不接電話的主因。例如，客戶在等的報價、我們沒勇氣拒絕的業務、或是忘記繳費的帳單。

於是電話就被拒接，成為大家怪罪的對象，可憐的代罪羔羊。但那些好消息呢？客戶想購買的商品、媒體想進行的採訪，或是有人要告知你獲獎的好消息！這些也同樣地被拒接了。

更糟糕的是，你在腦中把那些未盡之事幻想成更大的問題。**我們讓自己躲在其實只是陰影的怪獸後面。**

所以下次，在你想要忽略某些電話前，和自己確認一下那些因為沒做完的事而生的恐懼感。然後面對它，把它們完成，讓自己不再輾轉難眠，沒有恐懼。**開心地接起電話，然後說「是我，很高興接到你的電話！」**

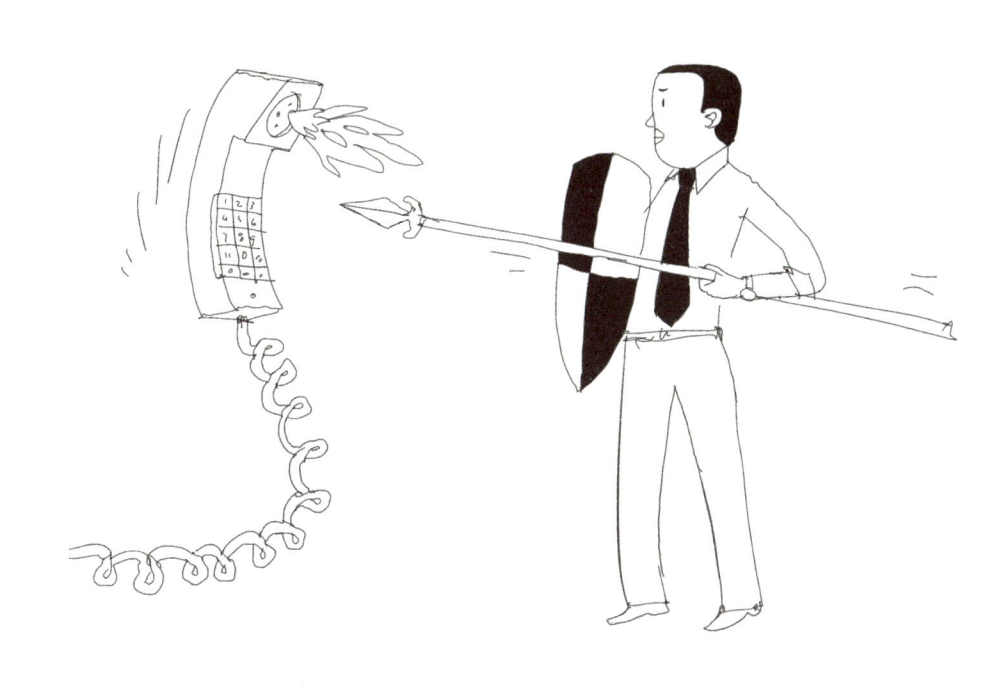

轉身面對那條巨龍，然後察覺你的恐懼消失無蹤。

49

你是否曾停下腳步想想「資本」所代表的意義？我們經常提到擴展事業需要資本，但我們忽略了資本並非只等於金錢。

資本有三種：

1、**經濟資本**——你擁有或可動用的金錢。

2、**知識資本**——你擁有的技能和知識，能將你和業內其他人區別開來。

3、**人脈資本**——你認識的人和可運用的人脈。

這些不同的資本也可以相互替換！擁有廣大人脈的人，通常也能從人脈中獲得可運用的金錢。擁有知識的人，則有機會拿到他人無法做成的生意；其他人也可以用知識來換取金錢。擁有經濟資本的人，則有能力購買他人的知識，或是取得獲得人脈的機會。

如果你感到經濟狀態有點吃緊，或在煩惱創業資金，試著看看你在其他方面的資本，你可能比原本想像的更有資源！

一個豐富的人生會經營各種面向的富足，
包括愛、友誼以及家庭。

50

　　幾天前我試著寫下所有讓自己憂慮的事,這個行為我稱做「資訊輸出」。清單內容包括記得餵貓、打電話給新客戶,以及檢閱每月的財務報告。總共有 91 件代辦事項!

　　這整件事真的蠻誇張的。原來在潛意識裡,我有這麼多細小的擔憂,難怪我時常覺得疲倦,無法專心,而且因為進度緩慢感到挫折。

　　從我停止記下有優先順序的代辦事項後,這張清單在過去三個月內慢慢長大。

　　資料輸出的作法能讓你清理思緒,把所有事情想清楚,好好整理一番。而事情就會從這一步開始慢慢變好。

藉著每週資料輸出，
讓你的腦袋進行大掃除。

51

你不覺得那些始終如一的朋友很棒嗎?無論晴雨,你永遠可以信任他們。優秀的領導者也是如此,他們可靠和始終如一的特質讓人非常安心。

豐田(Toyota)汽車的前任CEO布蘭登‧哈特彼斯(Brand Pretorius),曾分享過一個我非常喜歡的故事。有天他因為某些私生活的小問題,臉上帶著不悅的神情走出辦公室,還皺著眉頭。到了當天稍晚,整間工廠就流傳著公司狀況非常糟糕的傳言。

他很快就發覺,身為一位成功企業的CEO,他的個人情緒就跟羅盤一樣,會影響周圍的人。他知道必須控制好自己的情緒,不然很有可能會造成更大的問題!

身為一位領導者,你必須永遠對這份事業、員工以及商品抱著熱忱與熱情。這也代表著,你必須專注在正面的事情上,把那些個人情緒留在家裡。不去談論辦公室裡的八卦,也不應該散播壞消息。你必須成為大家都可以依賴的對象,永遠保持正面樂觀。

能夠始終如一的領導者也會帶給周遭的人信心。

52

　　我今天想起事業帶給自身的禮物。因為創業，我們得以在個人層面上學習和成長，同時為自己和他人生活帶來改變。

　　創業時，我們時常認為事業僅與解決問題以及克服困難有關，所以會因此忽略經營事業其實是一件帶有力量和創意的事，能夠造成改變。

　　今天讓我們都停下腳步，慶祝這個我們創造出的禮物。同時意識到邁出的每一步，都在朝著自我蛻變，以及我們接觸到的其他人而去。

　　在我們專注於未來的可能發展時，每一天都要相信自己能創造改變。改變可以展現在較為實際的面向之上，例如創造出工作和財富。也可以是在個人層面上的自我蛻變過程。

　　你在自己的事業中獲得的禮物又是什麼呢？

你的思考越是**正面**,
周圍的世界就越能給予回應,讓你的期待成真。

53

上週我收到一封電子郵件，上面寫著：「我生來就是一個有自信的人，會拚盡全力實現自己的夢想。但有時，我覺得我的自信讓周圍的人退避三舍。他們認為我的存在讓他們相形失色。我應該要為此感到擔心嗎？我是不是過於強勢了？」

做為一位堅強的女性，這段話讓我感同身受。**理想的情況下，堅強需要和其他的領導特質取得平衡，包括同理心、願意示弱以及賦權與人。**這點對於建立合夥關係，打造出能自主的團隊，尤其重要。

- **同理心意味著能夠站在他人的角度上看事情。**強大的人認為所有人都跟他們一樣，擁有同等的理解能力。這點可能會讓他們看來自大又強勢。想解決這點，要練習聆聽，並在回答前清楚表達自己已經聽到他們說的話了（我聽到你說的了……謝謝你。）。

- **示弱代表願意展現你柔軟的一面。**這會讓你看起來沒那麼嚇人，同時能讓他人與你溝通連結。訣竅在於刻意地展現出自己的弱點。公開承認你不知道答案，在犯錯的時候道歉，甚至故意犯錯。這種舉動可以讓你得到他人支持或建議，你也得以打破隔閡，創造一個更為開放坦誠的關係。

- **賦權與人能夠創造讓他人展現才能的機會。**強大的人通常都很積極發言，非常容易控制整個場面。其他也有寶貴意見的人，則會因為他們無法找到空檔發言，而感到非常挫折。刻意在會議中創造空檔，a) 讓其他人也有機會在便利貼上寫下想法，發表意見，b) 腦力激盪時間，讓無論多古怪的想法都有機會被提出，c) 採行「思考時間」方法，鼓勵主動並尊重聆聽他人想法。

最後，做為一位強大的領導者，有時候你就是得接受，強勢並非永遠是一件壞事！或許一路上你會失去幾位朋友，但你會把事情做好。

能夠結合**堅強**和**願意示弱**特質的領導者，
將能打造出一個強而有力的團隊。

54

　　我剛從阿爾卑斯山的滑翔翼之旅回來。那是個一生只有一次的旅行，我做了很多令人興奮的活動。阿爾卑斯山的美麗山景、高山森林、滑雪纜車以及不絕與耳的牛鈴聲，都讓人驚艷。因為新鮮空氣和運動，我變得胃口大開，興奮地烹煮和品嚐美味的義大利料理。身邊圍繞著來自全球各地的新朋友，大家都因為熱愛冒險而齊聚一堂。

　　新的飛行經驗則讓我感到非常震撼。一開始被捲進雲層，熱氣流讓我體驗到上下顛簸的恐懼。接著則是長達 20 分鐘的滑翔，讓人屏息的美景，我俯瞰古老的城堡和鄉間村莊，之後順利降落，接受當地居民的鼓掌歡呼。

　　我突破了社交、生理和心理上的舒適圈。中途也曾感到一些不適，但我也因此而發覺到應該在生活中改變的部分。天性使然，我們習慣接近能讓自己感到舒適的環境。朋友、家庭、工作，甚至運動都是如此；**但只坐在舒適的沙發上是無法贏得最後的金牌的。**

　　經過這場愉悅和精神振奮的旅行，我帶著感謝的心情回家。我更瞭解自己的優缺點，對周遭環境的覺察也提高了。之後，我會更願意離開自己的舒適圈，往下一個成功邁進。

　　我現在要提出的問題是：你怎麼知道自己正停留在舒適圈之中呢？

跨出你的舒適圈，往下個階段的成功邁進。

55

　　隨著旅行經驗的增加,我開始瞭解到南非的與眾不同。我也不是很確定,或許是因為斐特拉都會吸引到擁有共同特質的人,但我發現我們這裡的人都懷抱著能夠改變世界的熱情。就算是把自己定義為鐵石心腸的創業家們,事實上也都只是披著大野狼的外皮,但其實正在做著社會企業的工作。

　　在我快速掃過臉書上的新聞標題後,現在的世界毫無疑問地發生了很多錯事。但正是因為我們和周遭人群享有的緊密關係,我得以把注意力從頭腦(所有錯誤的開始)轉向心(我們都愛的地方)。

　　今年七月,我想起傳奇人物曼德拉。堅韌是他的動力,讓他能把所說過的話付諸實行。

　　現在社群媒體控制的世界,只在乎被按了幾個「讚」,以及討論熱度。我們甚至開始相信獲得的「讚」數能夠改變世界。但這是真的嗎?我不認為。**真正能夠改變世界的,是那些願意在真實世界挺身而出,做出行動的人。**

　　誰曾經無私地幫助過你,讓你能夠抵達現在的位置?你又準備為那些跟在你身後的人做些什麼呢?

如果你能分享你的**才華、智慧以及愛**，
這個世界會變得更好。

56

問題：該怎麼判斷你的新創事業開始成長了？

答案：你的員工在接電話時會說：「他目前正在用餐中⋯⋯」

一間新開的店每天中午會休息一小時，讓員工用餐。與此同時，客戶正焦急地在外等候。這間店好像無法長久經營下去。

雖然吃午餐的時間很重要，**但如果客戶接收到的訊息是，和你的午餐相比，他們一點都不重要，那麼未來的災難可想而知。**

所以，如果你和你的員工開始這種「午餐文化」，確保他們接電話時說的是，「不好意思，他現在不在座位上。請問你有什麼事嗎？」，或是「可以請你留言，我讓他回電給你嗎？」

這樣一來，客戶會覺得自己備受重視，而這是我們永遠的首要任務。

在這個平庸的世界裡，
只要能**提供優質的服務**，就會成為你的致勝關鍵。

57

　　直覺是我們最有用的工具之一。那種「我就是知道」的第六感，和這件事是對或錯的第一反應，就是我最有力的祕密武器！

　　即便缺乏任何實質證據，直覺還是能幫助我們做出聰明的決定。有時結束一場看似合理又真實的談話後，你的腦和心卻會告訴你：「不，有些東西感覺起來不對勁。」這就是直覺在發揮作用的時刻。

　　你可以用以下的辦法來增強直覺：

- 記錄身體的反應。我把身體當成感覺受器，記錄發生在周遭的事情，就像是測量輻射值的蓋格計數器一樣。
- 留心閃過腦海的資訊。把它們記錄下來做為日後的行動指引，也可以之後再拿出來思考。
- 練習！當事情順利進行或出錯時，停下腳步思考。仔細回想在一開始是否曾覺得「是的，這是個好主意」，或「不，這是個壞主意」；並把這些新的體認加入未來的思考流程之中。
- 放輕鬆。我們不執著於問題時直覺才會湧現。運用呼吸、平靜心情或冥想等技巧來降低焦慮和內心的噪音，幫你的直覺製造空間。

運用直覺釋放你的力量。

58

足球可以改變你的生活,至少它可以改變你的思考模式。

我在衛報上讀到一篇英格蘭國家隊的報導,它的驚人成功與心理學有關。讚美和鼓勵終於取代了時興已久的威脅和懲罰文化。

這 5 點也非常適合運用在商業經營,而這正或許是你今天需要知道的事:

1、**別害怕失敗。**所謂的勇氣,就是克服在以下兩者間不斷拉扯的心情:「追求目標」和「恐懼失敗」。多數人因為恐懼而不願意展露真實的自己。**但嘗試之後失敗,難道比不上從未嘗試?**

2、**重整情緒。**你不是緊張,而是興奮。一記罰球、面試和重要的案子不會讓人感到痛苦,而是讓人感到興奮的重要事件。

3、**專注於達成目標前的每一步。**如果你只想著贏得世界杯、獲得奧斯卡獎或是擁有豐富的社交生活,那麼只有正向思考不會產生幫助,還不如樂觀且堅定地專注於能幫你達成目標的每一步。

4、**發現每個人的不同。**把你的員工、同事、顧客以及家人(甚至你自己)視為獨立的個體,而非一個同質性團體。不同的人適合不同的工作模式,而且每個人都需要被認可。

5、**用讚美激勵他人。**體貼、傾聽和同理心與批評和責罵相比,會讓人走得更遠。這點在自我對話中也適用。若你想要打造一個獲勝團隊,用讚美做為激勵。

讚美和鼓勵有助於達成目標，
還能讓**每個人的生活都更快樂**。

59

　　我給自己最好的禮物是，一個零干擾的半小時。利用這段時間，拿著一支筆在白紙上寫下任何我想到的事。

　　各式感受湧上心頭，我想起當初創業的初衷以及我的初心。**一邊寫，我發現了新的力量以及能量。**

　　像這樣書寫是領導者的工具。

　　創意能量經過一夜休息會最為豐沛。所以每天早上正是記錄夢境、想像新工作方式、問自己難題、解決問題或是梳理糾結情緒的最佳時機。

　　晚上的紀錄則更偏向分析，處理我一整天對事情的各式反應。

　　在你書寫的時候，清晰的頭腦和專注力是最棒的部分，就像魔法一樣神奇。

簡單地把想法記錄下來，
就能大幅縮短夢想和現實的距離。

60

上週我讀到，保持樂觀是邁向成功的首要途徑。

心理學家麗莎・西格爾（Liza Siegel）博士在她的書《成功祕訣》（Suite Success）中提到「樂觀的人期待正面成果。他不會把失敗視為個人問題，反而會持續嘗試直到成功為止。」

這句話的重點在於「期待」。贏家正是因為對成功的期待，所以與眾不同。

樂觀是有渲染力的，而樂觀的人會因為心中抱持著信念，所以能夠安然度過艱難的時刻。他們內在的熱忱會吸引周圍的人，讓他們可以販售他們的想法（以及產品），然後夢想就會成真。

簡單來說，若你想成為贏家，**試著每天培養樂觀的想法，相信那杯水是半滿的。你無法實現夢想，如果抱持著只剩下半杯水的悲觀思維。**

成為瘋狂的樂觀主義者。
對每個機會說「沒問題！」，
接著準備邁上成功的道路。

61

一位記者昨天問我:「你怎樣處理壓力?」

回想過去幾年,我曾經有壓力大到以為自己心臟病發;因為壓力而長達好幾個月都非常憂鬱;壓力讓我變得非常暴躁,成為一個無趣的人。

但最近我對壓力控制得很好,我用了什麼不一樣的方法呢?

2008 年時,我生了一場大病,將近有 10 個月都無法入睡。最後,我被診斷出嚴重的骨質酥鬆。50 歲的身體,但骨質卻像是 80 歲。仔細評估狀況之後,我發覺部分的原因來自於壓力,所以我決心要解決這個問題。

我開始改變生活模式。我把生活分門別類。週一到週五工作,晚上和週末用來休息,和家人朋友相聚。同時也把茶、咖啡、糖和酒都戒了,恢復規律的運動。我還服用營養品來強化骨質。

除此之外,我決定用更有建設性的方法來面對焦慮。現在我會直接面對我的擔憂,而不讓它們藏在心底。並和其他人分享我的問題,且積極尋求適合自己的解決方案;**對生活裡發生的好與壞充滿感激,而非抱持著忿忿不平的心情。**

10 年之後,我的身體痊癒了。我的骨質恢復到正常的標準,過著平衡且幾乎沒有壓力的生活。當然,沒有做法是完美的,有時候我還是得面對個人生活、工作和家庭的難題。但是改變一些基本的生活原則之後,那些困難就變得比較單純,復原也就更快和輕鬆許多。

讓壓力主宰生活,
就跟在塞車時擔心遲到一樣,完全徒勞無功。
不但毀了這場旅行,你也無法更快抵達目的地。

62

　　你有沒有想過,就是因為女性已經習慣混亂的情形,所以更適合創業呢?一邊打點孩子和家人的飲食,同時兼顧個人以及事業需求,還要讓所有一切看來井井有條,這絕非容易的事!

　　面對混亂的狀態下還能怡然自得,在現在這個快速又瘋狂的世界裡,已被視為正向特質。我所謂的混亂並不是不乾淨的桌面或是經濟困擾,而是高度的不確定性和未知。

　　優良的創業代表建立一個有秩序的系統,富有彈性,能夠應對和接納所有的不確定性。我們永遠不知道未來會有什麼變化,但即便如此,創業家仍會試著在這種狀況下進行計畫。

　　如果你曾覺得迷失在這個充滿未知的世界裡,別忘了成功不是一個定點,而是一段持續變動的旅程。**在本週,享受一些意料之外的混亂吧!**

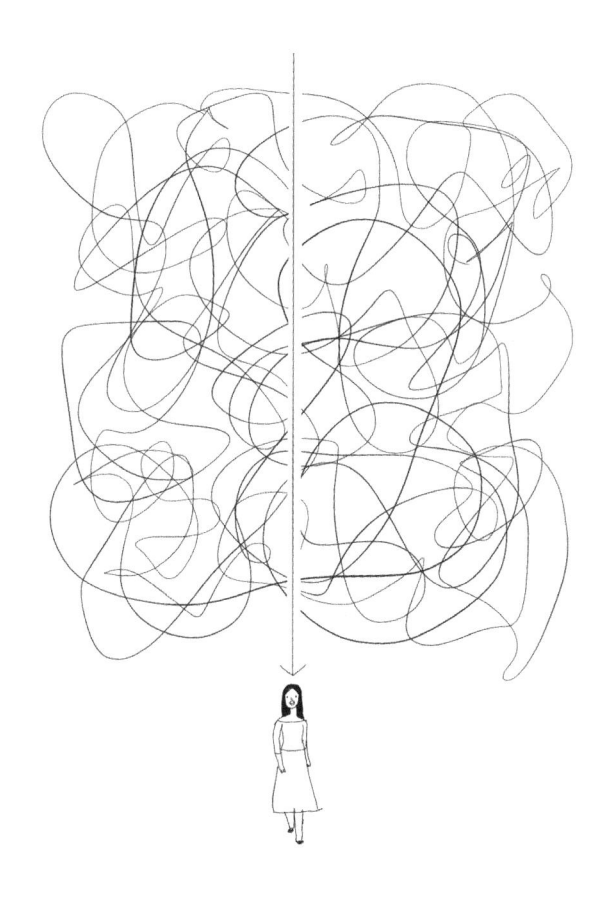

創業的精髓在於，
擁有從一片**混亂中理出一條直線**的能力。

63

　　你是否曾和基本教義派或是激進信徒接觸過？不管他們是環保主義分子、黨派的忠實擁護者或是足球的狂熱分子。這些擁有強烈堅定信仰的人，他們的共通點在於武斷的思考模式，對其他的說法不屑一顧。簡單來說，他們的耳朵是緊閉的。

　　我常在想，碰到這種人時，要怎麼做才能讓他們接受其他的說法？所以我今天看到冥想內容：**「願意傾聽對雙方都會有所幫助」**的時候，感到非常開心。

　　我立刻把這個技巧運用在一位支持川普的老朋友身上。我沒有迅速關上溝通的門，和表達我的失望之情。我改而問她：「你支持他的原因是什麼？」

　　結果非常令人驚訝。這個做法一開始就讓我們之間的緊張和憤怒感降低了。接著，讓我們雙方都打開了傾聽的大門。人們需要被聆聽以及接納。我們不會被定義為對錯，只是看法不一樣。只有這樣，才能開始討論其他選擇。

　　作為一個人和商業領導者，這種「樂於傾聽」的單純態度，有利於推進任何談判過程，不管對象是員工、客戶或是合夥人。

　　我們做出這個簡單的選擇，就能弭平雙方間的不同。

吼叫無法產生理解，傾聽才能。

64

在現代這個世界，你得留下足跡，在網路上留下紀錄。如果 Google 搜尋不到你的企業，大部分人不會相信你是真的存在。

擁有一個確實的線上紀錄或是網站，比優秀的行銷策略還重要。這代表你公司的可信度和真實性。

你是否有成功故事可以分享？如果有，那就告訴大家。創建一個臉書和 X 的帳號。從現在開始動手，留下紀錄。讓這個世界知道你真實存在。

同樣地，你是否曾想過顧客、未來商業夥伴以及員工，在看到你的電子郵件地址會有什麼印象？我和許多人都把商業網域註冊名稱（例如：maryg@fetola.co.za）視為專業程度的指標。使用一般的電子郵件地址（例如：thepaintshop@gmal.com）則象徵那些新創公司還沒準備好要完全投入未來的經營之中。

註冊一個網域名稱非常簡單（也不昂貴）。我們用 Hetzner。它們提供簡單快速的服務，讓我們找到一個適合的網域名稱。很多業者都有這類服務，比你想像中更為簡便，就能夠創造一個專業又符合需求的網域名稱。如此一來，你就能提高客戶的信任和增加自己的可信度。

擁有自己的電子郵件地址就像搬離父母家一樣。你本來是一個孩子，隔天就成為一位有自己事業的大人了。

讓他人有機會享受到你的服務——
提高自己的能見度。

65

今天早上我在翻閱以前的舊筆記時,看到一行潦草的字,下面畫著底線:唯一真正的失敗,就是從未嘗試。

你是否經常聽過身邊的人說出以下的話:「我要寫一本書／開始創業／賺一百萬……」?作夢和實踐者的差別在於執行能力,還有不半途而廢的決心和毅力。

如果你還無法完成你的夢想,**下次有好主意時,試著這樣做:立刻寫下要做的第一步,然後不管如何,下定決心要完成這個目標。**

我的第一步是要常常開會。這樣我就能時常和他人分享我的想法,並立刻得到反饋。告訴每個人我的計畫,就比較不容易忘記自己的決心。

實現夢想有時需要花上一輩子,但最關鍵的是──開始整個旅程的第一步。你可以在本週開始做些什麼,改變一切呢?

每天都是你此生的縮影。
每天的習慣能讓你成為冠軍，或最後一名。
這是你的選擇。

66

「你在這世上的最後一天,會遇到本來可以成為的自己。」今天早上,這句名言突然在我腦中響起;然後我的下個問題是:「這會是你以為的地獄嗎?」

我因此想著,過著有意義和積極人生的重要性。我喜歡放假,但痛恨浪費時光的感覺。我相信擁有平衡的生活很重要,但不喜歡錯過任何機會。

所以,無論如何,以下是我充實過生活的訣竅:

1、**根據事情的優先順序,寫下代辦清單。**

2、**常說「沒問題!」,擁抱所有能夠開拓視野的可能性。**

3、**閱讀能夠充實人生、智慧和增強自我信念的書籍。**

4、**放下傷痛,和他人溝通,常說抱歉。**

5、**助人成功,並從中獲得快樂。**

6、**做你熱愛的事。**

7、**瞭解自己,投入一切來成就自己。**

8、**遠離沙發、手機,不要喝酒。**

9、**思索生命的意義,尋求宇宙的答案。**

10、**心存善念。**

良好人生的存款是愛。

67

身為一位領導者，你得帶領大家。時機來臨時，領導者得挺身而出，傳達清晰有力，能夠凝聚眾人的訊息。自信清楚地讓每個人知道，他有所計畫，知道該往哪裡前進，讓大家願意跟隨。

領導者必須判斷情勢，知道介入的時機，並堅定立場。也須明白，跟隨的眾人需要指導才能往前邁進。

在成為領導者的這條路上，我有六個步驟：

1、**尋求建議－同時恭敬地傾聽。**
2、**感謝那些願意分享意見的人。**
3、**計畫解決方案。**
4、**溝通解決方案，並確保過程中能創造向心力，提升信任度。**
5、**接受自己可能會被討厭。如果所有人都贊成我的作法，很有可能我的周圍只是一群會盲目附和的員工。**
6、**以身作則，展現自己對計畫的投入和信賴。**

領導者最大的挑戰就是判斷該發號施令的時機。太早，其他人覺得缺乏尊重；太晚，又會讓人覺得缺少方向無所適從。但身為領導者最棒的一點是，你擁有自由選擇的權力。

**身為領導者，最令人畏懼的時刻，
正是展現領導力最重要的時刻。**

68

「在跳躍的時候，是不可能生氣的。」

我昨天無意間聽到三位跑者說出的這句金玉良言，決定也來試試看。

這是真的——跳躍時你不可能生氣！事實上，我好像打開了身上的快樂開關，你會開始微笑，接著大笑出聲。

試試看吧！祝你有個愉快的跳躍週！

從笑聲和運動中獲得能量,
用跳舞的姿態過生活吧!

69

對的,今天是 9 月 1 日,春天要來了!在這裡提醒大家,不但要進行生活大掃除,也要準備迎接生機蓬勃的季節。

你是否知道大掃除、丟掉垃圾、整理舊的報章雜誌,以及整頓工作空間,這些簡單的動作能讓你個人生活和事業都改頭換面嗎?

如果你不相信我的話,今天試試看吧!花一個小時整理辦公室、歸檔文件、清潔桌面;在清掃後坐下休息,感覺自己的狀態提升,變得更有效率和平靜。

清潔桌子這個簡單舉動能**改善能量流動**，
讓事情變得更順利。

70

　　最近我經過路邊停放的一台車，車窗上貼著大大的「待售」標誌。**我開始回想**有沒有認識任何人因為這種方式而買車，但想破頭都想不到。這讓我開始想有多少人在做廣告前，會先確定選擇的廣告方式是否有用。

　　在小型企業裡，我們對廣告和行銷費用必須非常小心。花在行銷的每一分錢都需要製造出業績。這也是我對廣告業務非常謹慎的原因。

　　首先，要確認使用的廣告平台是不是正確的選擇。我們會先調查還有誰也使用那個平台，然後跟他們聯絡，確認他們投放的廣告都有正常運作。接著，我們會觀察客戶的使用回饋，詢問他們是從何得知我們的消息。

　　事實上，我們大部分的曝光是和品牌的定位和行銷有關，而非業績取向。所以像是廣播、電視和平面媒體的，與實際接觸到的客戶常常會有所落差。如果是直銷，想要獲得立即成效，例如要賣自己的車，那麼評估最終成果就會更加重要。

　　請解答我的疑惑⋯⋯你身邊有沒有任何人曾經因為車窗上的廣告，成功賣過或是買過車呢？

行銷企業時，
請停下來，思考然後做出不一樣的事。
綿羊是無法統治世界的。

71

　　在經濟（或一部分的經濟狀態）發展趨緩時，小型企業在此時進入了非常有發展潛力的時期。**因為小型企業富有彈性，可以隨意調整商品服務、策略以及行銷手法。這種靈活性讓我們變得非常強大！**

　　小型企業有足夠的空間可以隨時調整價格，重新思考行銷訊息以及銷售手法。大型企業則會因為層層向上的管理系統、政策和流程而受阻，更別說它們還需要訓練大量的員工，所以需要更長的時間來應對變化。

　　讓我們現在開始觀察周遭出現的機會點。注意倒閉的競爭者，同時尋找可以一起合作的夥伴，得到更多新客戶。

　　留心與你的事業有所互補的商品和服務，例如你賣的是衛生紙，那麼就和廁所芳香劑一起販售；如果是電腦課程，則試著和印表機墨水的服務廠商一起行銷；如果是花材，或許可以考慮和線上交友的服務合作？

　　就算時機艱難，創業者還是要繼續向前。

在所有人眼前只有黑暗時,創業家看到的是**綠燈**。

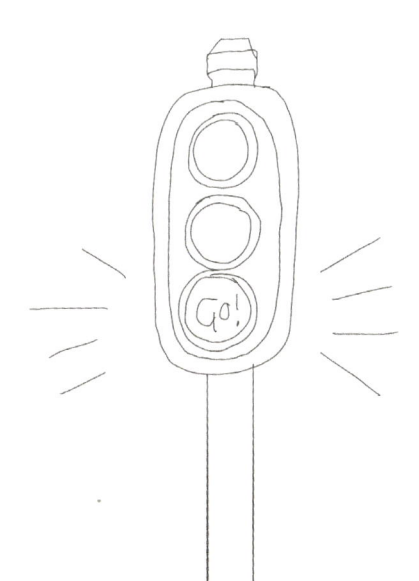

72

在我忙碌辦公室中最大的挑戰就是要持續應對變化。有句我熱愛的南非諺語是這麼說的，"*n boer maak 'n plan*"（直譯為：農夫總有備案），意思是我們得隨機應變。但對此，我有更深一層的理解。我們在面對各種任務跟人的時候，如果不想忘記很多事，我們需要系統性的管理。

我有兩種策略可以解決這個問題：**第一，我招募有條理的人（謝謝他們帶來的秩序），第二：我認真使用行事曆。**

重複的行事曆提醒能幫助你建立規律的習慣，我們就可以依照那些事項安排整週行程。例如，提醒我撰寫這個每週問候的行事曆通知。十分簡單又有效率的辦法。

身為一位忙碌的企業領袖，你有任何方法或工具能和他人分享嗎？

任何傻瓜都能指出問題所在。
但只有少部分的人能找出解決辦法。

73

我在本週評選計畫候選人的過程中,發現能讓企業獲得長期成功的關鍵因子。那不是運氣或金錢,也不取決於獲得的資源或是行銷手法,更和銷售業績以及客戶無關。

長期成功的重要關鍵在於──內在的信念。明確地說,是相信我們自己有能力可以獲得下個階段的成功。更重要的是,相信我們自己實至名歸。

我看過停滯不前、備感挫折的人。有些人曾獲得巨大的成功,但是又回到原點。有些人則在前進的路上就停了下來,失去原有的初衷。

創業的過程不是短跑衝刺,而是馬拉松比賽。我們需要不停滋養自己追求成功的決心,才能抵達終點。我想要和你們分享,如何保持對於追求成功的熱情。

今天晚上找個空檔,寫下你目前所有感恩的事。那些通常都是非常簡單的事:炎熱天氣時的一杯冷水、晚間孩子輕柔的擁抱,還有春天花朵帶來的快樂;也可以是對自己的事業、擁有優秀的員工,或是生活在這個美好國家的感激之情。

在日記裡記錄下這類的事情,足以讓你對抗生活中的挫折和失望。在追求成功的路上,這會是一個有力的工具。

如果你覺得工作壓力很大，
試著回想所有幸福的事，
重新燃起熱情。

74

　　我今天在工作路上看到一個非常棒的車牌。上面寫著「Fab Dad」,最棒的爸爸。

　　我想這位爸爸收到這個禮物時,一定非常高興。他每次開車時,這個充滿愛的訊息都會讓他非常溫暖。

　　想像他跟每個企業家一樣,坐在會議室裡,做出困難的決定。這句話會讓他的一天有什麼改變呢?也許他會因此變得更善良,或是更有決心要獲得成功。

　　或許,我們都能夠告訴一位「最棒的爸爸」,他正在做的事非常具有意義⋯⋯。

是否有人改變了你的人生呢?
告訴他們,他們很棒!

75

我時常和大家分享,要如何破除阻攔我們邁向成功的障礙物。但那些障礙到底是什麼?我們是否瞭解所謂的「玻璃天花板」呢?

首先,它不是真的。你沒辦法看到,或是摸到它。

第二,它並非永遠都在。有時,沒有東西能夠阻擋你成功。但有時候,那個玻璃天花板會帶給你非常沉重的壓力。

最後,每個人的玻璃天花板都不一樣。對你來說,可能每個時期的玻璃天花板都不一樣。

我認為這個看不見的障礙是由恐懼所構成的。各式各樣的恐懼,包括害怕失敗、害怕成功、害怕被批評、被忌妒、害怕自己能力不足、害怕被認為自大,或是任何在你心中的恐懼。

當心中「我可以做到」和「我害怕去做」的想法彼此互斥時,我們通常就會停下來,哪裡都去不了。我們被困住,停滯不前並感到挫折萬分。

今天我要給你的提醒,來自於在南非已有百家連鎖店的成功品牌,托嘉眼鏡創辦人托嘉布坎南(Torga Buchanan)多年前說過這句話,現在已經成為我的座右銘。

她說:「即便在你感到羨慕或忌妒時,也要為他人慶祝成功,替自己未來的成功鋪路。而在你成功之後,他人也會為你慶祝。這樣一來,不管是你的競爭對手或是敵人,都會在你歡慶他們的成功之時,成為你的助力。」

在替他人的成功鼓掌的時候，
就是在為自己未來的成功彩排。

76

　　下個月就是十月了。我常開玩笑說九到十一月是最有效率的月份,因為我們會試著在一年的最後一季裡,做完所有沒完成的任務。

　　所以如果你跟我們一樣,總是拖到最後一秒才把事情做完,以下這些訣竅能幫你在聖誕節前把所有事情收尾:

- **認真寫下代辦事項的清單。**在睡前就把隔天上午需要完成的事情,依照輕重緩急列好。等到你抵達辦公室,就知道該做哪些事情。確保你進行的任務非常重要。跟著清單執行工作,不要分心去收信或是檢查臉書訊息。

- **與過去和目前的客戶保持良好關係。**和他們聯絡,詢問他們是否需要你的商品或是服務,又或者能否向他人推薦你們。告訴他們公司的新計畫或變革,促成新的交易。

- **和你每位員工進行一對一會談。**瞭解他們過得如何以及目前的工作進度?你和員工的關係越親密,你越能清楚他們碰到的挑戰,也能幫助他們發揮潛力。他們能夠幫助你成功,所以花點時間好好瞭解他們。

- **注意財務狀況。**確保會計隨時更新公司的財務狀況,並且仔細檢閱。如果有不明白的地方,要求他們提供詳盡解釋,你才能真正瞭解目前的財務狀態。如果公司的業績會在聖誕假期間減緩,要確保到二月份的金流都狀態良好。

　　最後,**每天都要挪出一點時間感謝所有發生在生活裡的好事。**

DREAM
REALITY

銷售是把你的夢想變成他人事實的過程。

77

身為一位創業家，你擁有挑選工作夥伴的自由，也可以選擇工作的模式。你能決定要上市的商品和服務，找到需要你的客群。你也可以挑選做生意的地點，同時在新商機浮現時決定公司的對策。

你最後一次把這些事情當成「幸福」是什麼時候呢？

我非常高興能夠控制事業的節奏，推動公司的願景，也能和我喜愛的人群共事。因為他們在我身邊，我才能夠保持熱忱，維持初心。

同時，也因為員工們擁有和我相同的價值觀，所以這些都轉化為他們對我的支持。在我的經驗裡，這就是個人滿足感和事業成功的真諦。

滋養生命中的**幸福**,看著它們急遽成長。

78

　　身在這個歌頌青春的世界，81 歲的藝術家大衛‧哈克尼（David Hockney）會讓你停下腳步開始思考。他重新設計西敏寺（Westminster）的彩繪玻璃窗，在他的 iPad 上！

　　這提醒了我們，要結合自己的熱情創意和科技創新，我們就能往成功的路上邁進。如果你能保持專注，年齡並不會成為阻礙。

　　這點也適用在創業上。你是否相信對想要成功的人來說，機會永遠都在？記得持續尋找成長的機會，永保心胸開闊。

　　世上許多偉大的人直到晚年才成功。別把年齡當作失敗的藉口。

年齡是那些缺乏勇氣嘗試的人才會用的**藉口**。

79

今天早上，我看到史蒂芬‧艾克伯格（Stephan Ekbergh）的成功故事。他的 Travelstart 旅行應用程式以高達 6 億 4 千 8 百萬南非幣賣出。這讓我開始思考，雖然這類文章主要用意在於激勵人心，但也有可能會讓人感到沮喪。

其中一個問題是，把自己和史蒂芬這種成功人士相比，會讓我們設定一個和自身環境完全不相符的目標。會出現在社群媒體和其他主流報導上的，都是這種萬中取一的故事：忙碌的雙胞胎媽媽打造了跨國企業、一對幸福的情侶創業後立刻成功，拯救了整個地球。

讓我們想想，把自己和超級巨星相提並論會造成的結果。如果把他們的故事當作指標，我們會設定出完全不合理的目標，而這將造成無法避免的挫敗感。這種挫折感也屬於之前曾提過的「玻璃天花板」的效應之一。

所以今天，**讓我們提醒自己，我們自己擁有的條件都是獨一無二的。幫自己設定有意義的目標，不要落入和他人比較的陷阱。**我的訣竅是牢記這點：不管我做了什麼，我媽媽永遠都覺得我最棒！

我要送給你羅賓‧夏瑪（Robin Sharma）在《喚醒心中的領導者》(The Leader Who Had No Title) 書中的一句話。他說：「如果你從不嘗試，你不會知道能爬得多高。」

我要在這句話後頭再加一句：「但要確定，你爬的是你自己的梯子！」

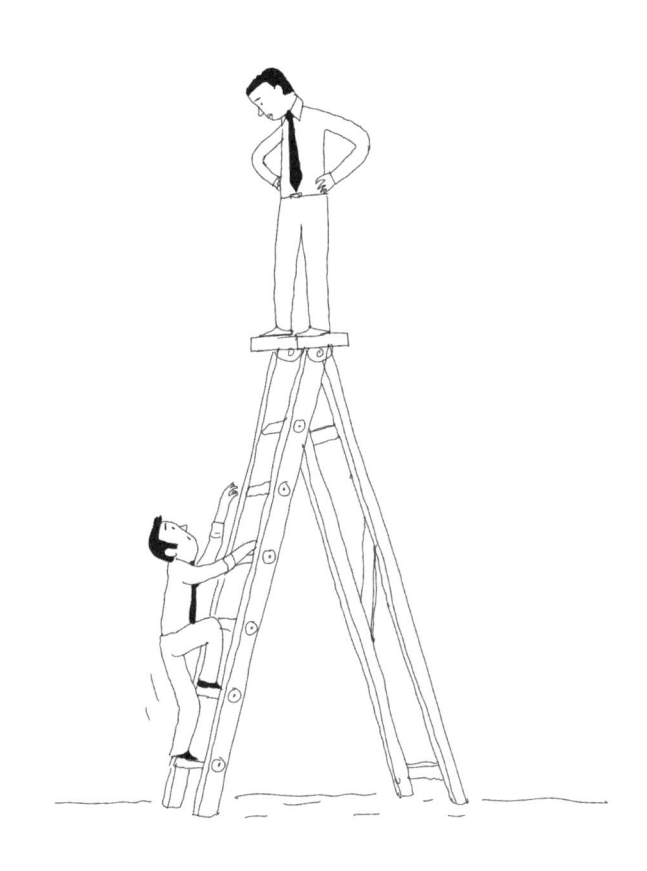

當你爬在成功的階梯上時，
要確認那是你自己的梯子。

80

　　我決定要在這週末完成滑翔翼證照的最後一部份。我須趕在九月最後一週完成，因為我的教練這季的任期即將結束。他之後要開始帶歐洲的滑翔翼玩家到南非各地進行滑翔翼旅行。

　　但是諸事不順。我因為受傷的腳踝不得不休息一段時間，因此必須趕在最後期限內完成35趟的個人滑翔。

　　雪上加霜的是，週六早上醒來我得了感冒無法說話。我問自己，現在該怎麼辦？在不確定的狀態下，我還是打包好裝備，前往位於北部兩個小時車程的波特維爾。這個時候還不確定是否能飛，也不知道會發生什麼事。

　　抵達後，我發現從事極限運動是不能三心二意的。**直接了當地說，你是不可能在不確定的狀態下控制滑翔翼。你要不就是全心全意地飛，不然就是不要飛。**

　　在這種心理狀態之下，我把生病和受傷的念頭全都拋到腦後，決定集中精神面對現在手上的任務。而結果就是，我從來沒飛得這麼好過，那變成一次完美的飛行體驗⋯⋯。

　　這讓我聯想到運動和生活的相似之處。人無法三心二意地過生活。如果你希望事業成功，那麼全心全意投入就是唯一該做的事。

　　所以你也許會想加入我的行列？在這週毫無保留地認真生活？你只需要拋開所有藉口，專注在成功之上。

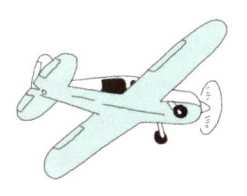

只要你能完全專注在一件事上，
所有的疑惑都會被**踏實的滿足感**所取代。

81

　　觀察自己和周遭的人多年，我發現每個人都會經歷自己的高低起伏，這就跟吸氣吐氣和睡著醒來一樣自然。某天你會發覺自己情緒高昂，但隔天又感到失落，這都是非常正常的事。事實上，這就是人類的天性。

　　而我發現，若我們能自然地接受這些情緒起伏，而不是抗拒它們，我們就能省下更多精力。這就像在海面上漂流，當你隨著波浪上下擺動，就不會造成任何損傷。

　　例如，我如果在週末加班，那麼週一的工作效率就一定會不好。在以前，這種狀態會讓我感到十分沮喪，但現在我允許這種情況發生，因為我知道到了週二，我又會恢復精力。

　　我也發現在高峰後一定會接著低谷，而低谷後則一定會迎來高峰。覺察到這個變化成為一個非常有力的工具。我能提醒自己在狀況不好時不要過度驚慌，也能避免自己在事情進展順利時，被沖昏頭而變得得意忘形。

　　這個看似微小的覺察能夠大大影響你的生活和事業。觀察自己，看看自己是否習慣在自我感覺良好，覺得自己無所不能時訂定目標？也好好觀察自己在這種高度喜悅，甚至可說是有點瘋癲的狀態時，訂下的目標是否通常都不切實際、不合時宜而且過度自信？

　　這些過高的目標將會導致失敗。

　　體察到這件事，**我們就可以在狀態平衡、冷靜和穩定時訂定目標。如此一來，我們就能依照自己的本性來設定目標。這個目標也能夠激勵自己，不會讓我們感到挫折。** 然後，我們就能朝著目標邁進，踏上永續和真正成功的路。

讓目標成為**引領前行的動力**,
而非讓你如坐針氈的負擔。

82

創業的過程難免起起伏伏,而在低谷時有所應對機制是非常重要的。

我發現能抵抗憂鬱最有效(而且免費)的方法是規律的生活。規律的作息能讓生活保有節奏和界限,讓我們感覺踏實。規律的工作時間表(有明確的開始和結束時間,週末時則休息)能夠讓作息穩定,區分工作和休息的時間,這是非常健康的狀態。

缺乏規律作息會讓人們在失業之後立刻感到憂鬱。熟悉的工作模式被一週內的無所事事所取代。

所以,下次當你感到憂鬱或提不起勁時,試試建立規律的作息,讓自己度過這段辛苦的時間。

微小的規律步伐能夠成就偉大的一生。

83

　　明天（10月16日）是老闆節，讓我想起所謂的領導力。做為一位老闆，你會面臨需要做出困難決定的時刻。所謂的領導者有能力和勇氣做出決策，並執行到底！

　　並非每個人都有領導力。有些人認為領導力只是一個頭銜，所以他們無法在需要的時候挺身而出，做出困難的決定，扮黑臉並為最後的結果負起責任。但是也有那些生來就是領導者的人，人群會自動被他們吸引，無論條件或是身分地位，無條件地跟隨他們。

　　企業是否擁有辨識和培養領導力的能力，會決定他們能否持續成長。長期的成功代表培育旗下員工的領導能力。

　　你做為老闆的責任在於，辨識出可以為企業加分的領導者，他們既可以支持你，也能夠挑戰你。你是否有勇氣挑選出這樣的人才呢？

天生的領導者認為所有人都可以領導。
有經驗的領導人則知道這並非事實。

84

　　你是否曾經察覺潛意識中想要討好他人的想法會影響我們成功呢？我們在幼年時期學到，自己的行為舉止必須遵循某種模式才能得到父母、老師、手足和朋友的愛。通常在不知不覺中，我們會把這種討好他人的習性延續到成年時期，也帶到我們經營的事業之中。

　　我非常幸運擁有一位事業成功、關懷他人又非常慷慨的父親。他替家庭、員工，以及許多居民提供實質上的支持，也包括情感上和經濟上的協助。在他的愛和保護之下，我感到非常安全和幸福。

　　雖然我的事業成功，過著成功獨立的日子，但是直到我父親在我 50 歲時去世後，我才發覺自己一直在不自知的狀態下，阻止自己發揮所有的潛力。我的父親以幫助他人為傲，尤其是經濟方面的援助。換句話說，他的人生價值取決於他曾幫助過的人數。

　　為了表達我對他的愛，我刻意不超越他的成功。而當我覺察到這個潛意識下的行為時，我體驗到此生最大、最暢快的解脫感受。我也相信我並不是唯一有這種感受的人。

　　我們許多人在潛意識中懼怕，因為太過成功而被我們所愛的人討厭。**害怕比身邊的人優秀會阻礙我們成功。**

　　如果我能早一點察覺到我對父親的這種情節，我就會知道這一切完全沒有必要。沒有人會比他更為我的成就而感到驕傲。也許，今天就是我允許自己完全成功的那一天……。

留意那些會讓你有所保留的關係。
祝福並且釋放它們，然後讓自己發揮所有的潛力。

85

我在多年前發了一場脾氣。那時我們公司的接待人員讓我非常生氣，而我也向她表達了我的怒氣。

露易莎是一位踏實可靠的女性，對我們的客戶瞭若指掌。她什麼事都知道，跟大象一樣記憶力超群，對我們每位客戶和供應商的資訊都一清二楚。她親切又善良，我完全不需要發這麼大的脾氣。

隔天我走進辦公室，為自己的行為向她公開道歉。那是我第一次這樣做。首先我承認自己的錯誤，然後在他人都聽得到的場合下，向她道歉。

結果非常驚人。露易莎變成我最忠實的盟友，而我獲得整個團隊的尊敬。除此之外，**我還學到道歉能讓人從過去的錯誤中解脫，創造一個新開始，替未來帶來嶄新的能量。**

如果我沒有道歉，那露易莎永遠都會怕我。我內在的羞愧感也會在我和她、還有團隊之間築起一道牆，造成隔閡，誰想得到我會是這種可惡的混蛋。

數十年（還有許多錯誤）之後，我非常感恩自己擁有了承認錯誤和道歉的自由。放下後，繼續前進。

一個誠懇的抱歉代表的意義非常深遠。

原諒是你給自己的禮物。
培養說抱歉的能力,也要接受他人的道歉。

86

　　很多人都會在嘴上說著他們要怎麼做,但只有那些下定決心的人才會願意下苦功,付諸實行。

　　變化是件可怕的事。通常來說,最困難的時間點是當過去已經結束,而未來還沒有方向的時候。讓我們感覺像是在大海的一艘船裡,但卻沒有舵。

　　大多數人會在這時失去勇氣,轉身回頭抓住過去的一切。但是沒有改變就不會有成長,我們該如何創造出能帶領我們前進的勇氣呢?

　　這些想法或許會有幫助:

- 為新的未來設定明確的目標——我們為什麼要往那裡前進?
- 瞭解過去不再適合我們的原因——寫下這些重點來提醒自己。
- 用正面的說法來塑造勇氣,例如「未來會變得更好」、「改變只是一個過程」、「恐懼只是一個階段」以及「已經沒有回頭路了」。
- 在這條成長的道路上彼此支持(如果你是一個人的話就尋求他人支持)。

每個挑戰都會帶來禮物——
每場災難都是潛力的種子。

87

　　企業會面臨的挑戰之一是對成功的恐懼,擔心自己無法應付高速成長。我常在自己和其他合作夥伴的公司裡,發現這種現象。

　　有天,當我們在討論新專案的執行時,團隊提出了一個相當焦慮的問題:如果有數千個人和我們聯絡索取資料的話,該怎麼辦?

　　「奮力向前的相反方向」(Going forward in reverse)就是在形容我們懼怕達成一直以來努力的目標。這種能量會阻止我們達到想要的成功。轉眼間,想像中的成長、如潮水般湧入的訂單,或是熱情的客戶都將消失無蹤。

　　我在腦海中想像會發生的情境來克服這種恐懼,讓我對有可能發生的事情有所計畫和心理準備。例如,如果真的有很多人對我們產品和服務有興趣,我們可以雇用兼職人員以及延長營業時間。我們也可以改良系統,自動發出訊息通知客人,讓他們知道目前需要加入候補清單。也可以預收訂金來降低現金流的挑戰。

　　態度對了,就可以有很多種作法。事實上,真正的創業家精神是先說好,然後再讓事情成真。不管當時在什麼樣的條件和狀態之下!

　　下次,當你害怕自己會被成功淹沒,或是無法應付企業下個階段的成長,稍微暫停一下問自己這個問題:「我該如何克服這一切?」如果有需要的話,向他人求助,說出你的恐懼。

創業家骨子裡流著樂觀的血液。

88

當我的手指在鍵盤上飛舞著回覆電子信件時,我想起一直以來給自己的建議:把電子信箱關掉!

如果我們整天都立刻回覆所有收到的訊息,代表我們讓他人(也就是寄出訊息的人)掌控我們的人生,以及我們的事業。

如果你有這個問題,以下的簡單策略能讓你安排自己的優先順序,並拿回自己日程的主導權:

- **依照代辦清單來安排優先順序。**
- **在工作時控制會讓你分心的外在因素,例如忽略信件或是關掉信箱。**
- **如果有需要的話,設定自動回覆讓其他人知道你無法立刻回信,但是若有急事,可以直接打電話給你。**
- **在比較悠閒的時候,檢查你的代辦清單來決定下一件任務,而非檢查電子信箱。**

這種簡單的策略能讓你成為事業的主人,而非電子郵件的奴隸。你擁有掌控一切的力量。

智慧手機會讓人無法專注在手邊的工作。
試著每天在剛開始上班時，
把手機收起來 90 分鐘，
你會發現工作效率大幅提升。

89

　　我昨天在讀一封服務廠商寄來的抱怨信。當時我在想，如果不用這麼強烈的態度提出需求，而改用一種比較體諒且和緩的方式，那我的態度又會產生什麼樣的改變呢？

　　我回想和其他人的關係，那**些讓我感到舒服的互動，會讓我更喜愛對方**，我也會想要付出更多。

　　所以今天我要提醒自己，同理心比尖銳的語言更有力量。

讓今天成為你的「同理心之日」──
以溫柔、體貼和尊敬對待他人，
你的世界也會產生同樣的效果。

90

多年前，我聽到一個廣播訪問，來賓是喜劇演員和政治評論家皮特‧迪克烏斯（Pieter-Dirk Uys）。他在訪問中提到每年年初，他都會在行程表裡註記「病假日」。到那天，他就會躺在床上，讓其他人來照顧他，好好放鬆享受，而不是真的生病。

我越想越覺得這是個好主意，如果你能自行決定休息時間，你就有辦法保持健康。

許多人潛意識想避免一場不愉快的對話或是情境時，就會開始生病。疾病會在他們無法（或不願意）說不的時候發生。你會在工作場所發現有人經常生病。通常這和極度不快樂、壓力和不滿有關。與其解決問題的根源，他們的身體會改用生病來做為逃避的方式。

因為這樣，我非常注意員工們的病假紀錄，也會和那些經常請假的人談話。這些對談能讓我和員工察覺到在工作場合或是家中承受到的壓力、不快樂和不滿。一但察覺，通常就有可能找到解決方法，員工也能保持健康，並在工作上發揮最大價值。

當然，我做的不只如此！我也會用同樣的方式對待自己，經常確認自己的熱忱、幸福和健康指數。**不定時的我就會給自己一天「棉被日」，好好休息，而非真的生病。**

在該休息的時候，**傾聽身體的聲音。**

91

事情出錯時,你會感到心情沉重嗎?

你是否曾絕望地耗費心力,試著維繫一段快要結束的戀情,或是勉強支撐著快要失敗的事業,因為你最大的恐懼是失去或是失敗?

有句俗話是這麼說的,我們通常在一敗塗地時學到最多,而非在事情一帆風順的時候。

從後見之明來看,這句話是真的。但當我們正焦頭爛額,承受巨大壓力時,我們是無法領會這句話的道理的。

如果你現在正與失敗共舞,我希望你能知道,這次挫折給你的禮物會隨著時間慢慢浮現。此次的失敗會變成你的踏腳石,幫助你抵達下一個階段的人生和下次的成功。保持勇氣。

如果你想抵達遠方，
學著把挑戰和失敗視為**人生大學**的課程。

92

我今天得到一個和授權有關的提醒。

如果缺乏有效率的授權,我們會被瑣碎又花時間的小事淹沒,導致手邊沒有足夠的時間來完成重要的任務。

授權大師理查・布蘭森(Richard Branson)靠著精準的商業眼光建立一個跨國集團。他讓自己退到一旁,挑選適合的人來進行管理,讓專業經理人做好他們的工作。布蘭森把執行與策略布局的工作留給自己,然後分派其他的任務,創造出一個完美的生活方式。那也是我的人生目標!

想要完美掌控授權的訣竅,首先必須辨識出會讓你花費許多時間的「低價值」事務。那些如歸檔、理貨、洗車等任務,可以交付給薪資等級較低的人來執行。但是,在團隊慢慢擴張後(個人收入提高時),授權的工作內容也會變得較高階和複雜,例如會計、行政和業務,最後就是公司管理這件事。

創業者若有意擴展自己的事業,授權是他們必須具備的重要能力之一。

授權的藝術就是，讓別人比你**更在乎**這份工作。

93

　　你有沒有想過在追求成功的路上，直覺代表什麼呢？直覺是當下的立即反應，就算那時沒有任何不對勁的地方，但你就是知道這是對還是錯。

　　過去這幾年間，我的直覺變得越來越敏銳，已經成為總在身邊，能讓我絕對依賴的聲音。每當面對一個會讓我感到不舒服的決定，我就會閉上眼睛，停下腳步，尋求內心智慧的引導。然後我就會照做。

　　這是我在企業經營中一個非常重要的工具。這可以幫助我們訂定決策、進行業務談判、合作討論，以及所有其他的事情。

　　但是，**不要把另一種內心的聲音──自尊心誤認為直覺！自尊會讓你身處險境，陷入麻煩，而直覺則會幫你避免這些危險。**

　　我聽到你的疑問了：但我們該如何分辨這兩者呢？

　　直覺是沉靜的聲音，會在我們冷靜和暫停時浮現。自尊則非常大聲，伴隨著激烈的情緒和不穩定的能量。自尊非常急切，想要證明自己，就像一艘衝破海浪的快艇一樣。直覺則像一艘遊艇，會隨著海風移動，輕輕地劃過海面。

　　我們都可以成為使用直覺的專家。如果留心的話，我們大部分時間也可以做到避免自尊帶來的危險。

學著使用直覺，讓它成為你邁向成功的工具。

94

我在一班深夜班機上寫下這次的訊息。我才剛結束一場對新客戶的簡報,正要從約翰尼斯堡搭機返家。今早上 5 點半開始,我就馬不停蹄地開始工作,到現在已經晚上 10 點 37 分了。昨天一整天都在進行訓練,明天還有接連不斷的會議、員工討論以及要撰寫的報告。

「我們為什麼要這樣?」我邊揉著眼睛及按摩頭皮,邊問我自己。

然後我想到答案了。那是因為我熱愛這一切,我熱愛這份工作、我能帶來的影響以及隨之而來的挑戰。

所以在打下個哈欠前,**我知道每件事都太棒了,因為我們的事業等同於我們的熱情;而這就是原力會永遠與我們同在的原因。**

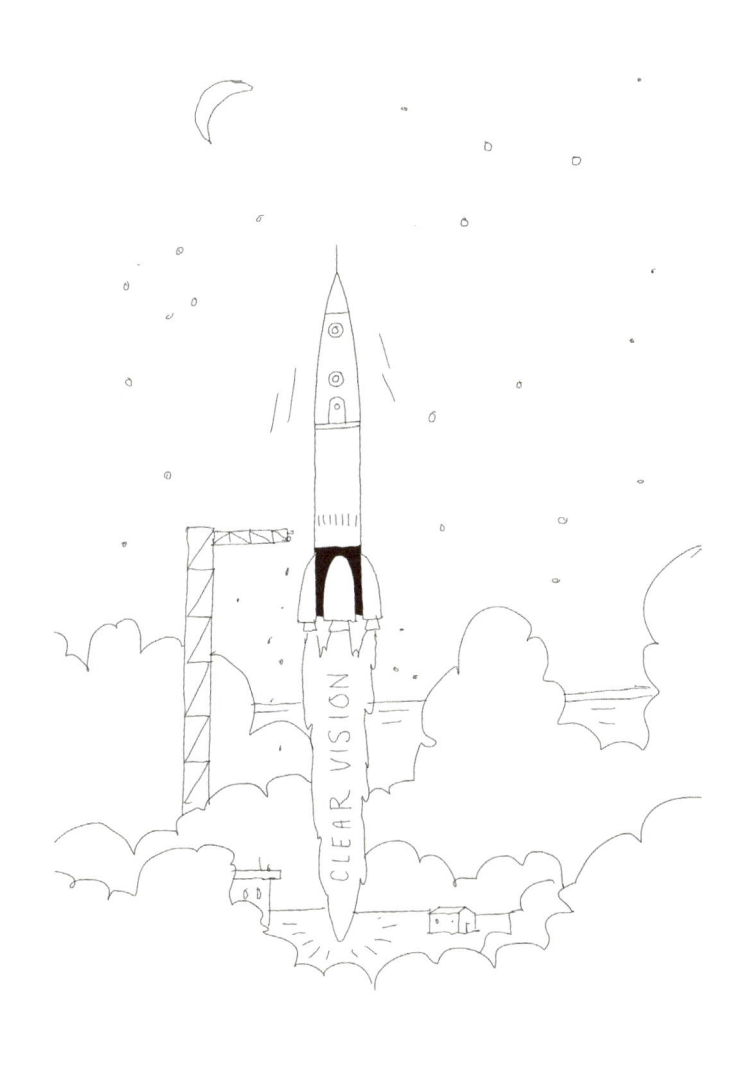

清晰的願景就像人生火箭裡的燃料——
　它能讓你快速地往目標前進。

95

優良合夥關係的重點是:「同心協力,力量更強」。

在工作場合,我們可以用以下的簡單問題來判斷是否為合適的夥伴:

- 雙方是否有共同的目標和價值觀?
- 分工是否明確?(所有的夥伴都需要貢獻自己的特殊技能)
- 夥伴們是否都精力充沛,而且專注於產出良好的成果?

你有合作夥伴嗎?這些問題是否也符合你的情況呢?

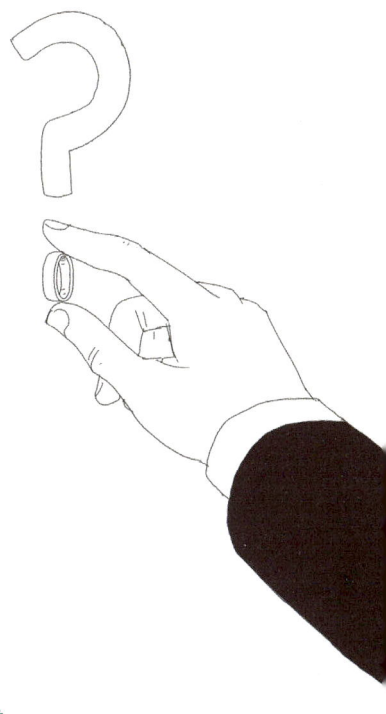

做生意就跟結婚一樣，
在套上戒指說我願意前，**要先調查清楚。**

96

天啊⋯⋯世界現在的狀態真是非常混亂！每次只要翻開報紙或打開廣播，壞消息就會像潮水般湧入。我們很容易認為所有的訊息都是真的，把自己看成在這個糟糕世界裡苟延殘喘的無助受害者。

如果你發覺自己時常感到緊張、挫折、焦慮，或是對這個世界感到憤怒，也許你可以試著確認一下，那些消息是否為真。找出方法給自己力量，拿回掌控權。

在這種時刻，我會提醒自己把專注力放在自己附近的事物之上，找出自己可以做的事情。所以，與其擔憂一些非常危急、但我無力掌控的事，例如：全球的政治情勢、地球暖化或是乾旱。我會選擇去找那些自己有影響力也可以投入的事。

當然，最簡單的地方是從自己開始。我們可以控制自己的行動、情緒和反應；可以避免去閱讀和散播那些會讓人沮喪的新聞；可以找出身邊的人所做的好事；可以安裝雨水收集箱；可以減少浪費，循環再利用那些會造成環境汙染的塑膠製品。

我們也可以試著影響身邊的人，像是家人、員工或是朋友；可以找更好的新聞網站給他們看，或是和他們討論附近善良的人，也可以鼓勵他們開始節省用水，並開始進行回收！

這樣一來，**我們能在自己有影響力的範圍裡成為領導者，也就是我們能夠「掌控的範圍」**。這些簡單的舉動，能快速地把無能為力的挫折、還有絕望感，轉化為感激和主動的力量。

畢竟，世界是由我們所有人的舉動所構成，而南非毫無疑問地有非常多善良的人。

**專注於可以讓這個世界變好的事情上，
然後去執行它們。**

97

事情會出錯。我們會搞砸、犯錯,其他人也會。接下來會如何,才是更重要的事。

承認你的錯誤。

道歉。

找出能改正錯誤的解決方法。

反省問題出在哪裡。

寫下新的做法來避免錯誤再度發生。

放下,然後繼續向前。

人生中最有意義的一堂課,或許就是學習道歉。
同時,也要記得原諒自己。

98

身為一位有行動力的女性,我可以説是危機的擁護者。一個巨大的危機能夠立刻帶來改變,同時加快決策的速度。在正常情況之下,人和機構會花費數週、數月甚至是數年的時間來做出決定。但在面臨改變和新環境時,他們能夠在數日或幾個小時之內就立刻實施新方法。

在這種情況下,每個人都在應對未知,需要快速做出決定,然後立刻開始付諸實行。

面對危機時,我們只有三種選擇:戰鬥——逃跑——僵住。

我們選擇戰鬥時,分泌的腎上腺素會刺激心臟和頭腦,快速集結各種資訊,做出最佳反應。

如果選擇逃跑,我們可以藉此機會,轉而進入其他更有吸引力的市場,或許這場危機會讓我們找到更多新商機。

如果選擇暫停營運,我們也會明確執行相關步驟,例如,主動削減開支、暫停合約並讓業務進入休眠狀態。

然而,如果我們發覺自己陷入恐慌或是失去理智,解藥就是冷靜的行動。提醒自己暫停一下,呼吸,再開始行動。如果是因為財務或是後勤營運而造成的恐慌,強迫自己好好檢視和面對問題,接著處理問題。你一定可以做到!

面對危機時，唯一的失敗就是**什麼都不做**。

99

　　我最近和曾參與我們企業發展計畫（Enterprice Development Program 2009-2012）的藝術家希斯‧納許（Heath Nash）首次接洽。希斯以用回收物製造出的美麗燈具和裝飾品聞名。在參與 ETU 計畫時期，他為了國內外市場，非常努力地擴展製造設備。

　　他談及在經營事業時，所有必須完成的事和想要事，必躬親的挑戰；也提到在現實的經營層面，以及創意發想間的掙扎。

　　他的分享讓我們想起，現代創業家需要專精的多種技能，例如：財務、IT、行銷、業務、企劃和稅務，而這些只占其中的一小部分。我們甚至還沒有提及那些專業技能，如焊接、種植番茄、設計商品或是髮型設計等。

　　唉唷！難怪所有的創業家都有一點瘋狂。

　　身為創業家的優點是，我們是自己生活的主人。我們能雇用他人來補足自己缺乏的技能，或不擅長的部分。比方說，我公司裡的第一位員工一定是會計人員。這是每個企業都不可或缺的技能，而我對於處理這些細節缺乏耐性和熱情。

　　和擁有特殊技能的人合夥，也是另一種解決方式。例如，發明家通常會和商業團隊合作，因為他們有市場經驗也能協助推廣生意。

　　所以，**成功創業家的祕訣或許在於，知道自己需要他人的協助**。這樣一來，我們就不用讓自己完成所有的事。就像那句俗話說的，「樣樣都會，但是樣樣都不精通」。

記得求救,並對答案保持心胸開闊。

100

接近年底時,越來越多人會開始抱怨和覺得疲倦。我的建議是,**暫停一下,好好呼吸。**

請花點時間想想,能夠激勵自己的事物,然後給自己一點空間,好好享受這份禮物。站起來,伸個懶腰,做些能提振精神的事。你值得擁有這一切。

如果只顧著埋頭工作而不休息,你會無法帶領企業成長。因為做為企業的領導者,你應該要充滿創意、智慧、靈活以及彈性。所以,**休息一會兒,去做些能讓你恢復活力的事也無妨。**

關心你的健康。運動、健康飲食、多喝水多休息。減少攝取酒精、咖啡和垃圾食物。如果感覺自己快撐不住了,記得求救。

優秀的領導者會**適時休息**,讓自己恢復生氣。

最後的話……

現在可以大肆慶祝了!
為自己的努力、追求成功的決心、勇氣和成功鼓掌。
我懇請你為自己安排休息時間,讓身心靈都重新充電,這樣才能為之後的工作繼續努力。

你值得對自己好一點!

主題對照表

1. 綻放自己的光
2. 別因為微小的開始而自我侷限
3. 傾聽和學習
4. 掌握每分每秒
5. 放自己一馬
6. 和信任有關
7. 以你的工作為傲
8. 二月憂鬱
9. 做好萬全準備
10. 自信地領導
11. 只需要一個人就能做出改變
12. 寫下來
13. 保持真誠
14. 靈感源自內心
15. 驅趕焦慮的習慣
16. 井水
17. 夢想和願景之地
18. 拒絕的力量
19. 最弱的環節
20. 保持專注！
21. 關心他人的領導者
22. 放下「應該」
23. 簡單直白的語言
24. 單純的事
25. 什麼都不做的智慧
26. 你的內在財富量表
27. 意志力決定勝負
28. 記得照顧自己
29. 我們在該突破的時候放棄
30. 掌握招聘優秀人才的技巧
31. 贏家不會討好他人
32. 銀行經理不是你的好朋友
33. 喜悅會傳染
34. 感激是一種態度
35. 與眾不同
36. 精益求精
37. 停下來後傾聽
38. 巨大的挑戰、勇敢的思考、大膽的做法
39. 從小量資金開始也無妨
40. 熱情會創造豐盛
41. 好好享受！
42. 選擇想法的自由
43. 專注自己的本業
44. 想像力的飛行
45. 優秀領導者的特質
46. 年輕的潛力－跨越人生的障礙
47. 內心的富足決定外在的富裕
48. 害怕接電話嗎？
49. 不是只有金錢才是資本
50. 試著「資料輸出」
51. 拿出你的正向態度
52. 商業帶來的禮物
53. 我太強勢了嗎？
54. 跨出舒適圈
55. 改變世界！
56. 出去用餐
57. 直覺的力量
58. 適合商業應用的足球訣竅
59. 書寫的功效
60. 正面思考
61. 討論壓力
62. 擁抱充滿創意能量的混亂
63. 如何能讓其他人願意傾聽
64. 我可以GOOGLE到你嗎？
65. 唯一的失敗
66. 成為那個人
67. 在需要的時候挺身而出
68. 打開快樂的開關
69. 春季大掃除
70. 待售！
71. 整體狀態變差時
72. 建立規律習慣
73. 成功心態
74. 告訴某人他們很棒
75. 為他人慶祝
76. 最後的訣竅
77. 選擇（留心）你的幸福
78. 沒有極限的生活
79. 確認你的梯子！
80. 你無法三心二意的過生活
81. 駕馭那條龍
82. 規律生活是解方
83. 學習領導
84. 討好他人的需要
85. 道歉的力量
86. 成長痛
87. 「奮力向前」的相反方向
88. 停止回覆電子郵件
89. 友善更能觸動人心
90. 替健康做計畫
91. 從失敗中學習
92. 不授權就累死
93. 直覺VS.自尊心
94. 我們為什麼而做？
95. 合夥關係
96. 專注於你能控制的範圍內
97. 哪裡出錯了？
98. 危機就是轉機
99. 記得求救
100. 重新充電